高等职业教育"十二五"实训系列规划教材

进出口业务综合实训

主编　严玉康　赵三宝

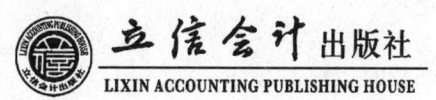

立信会计出版社

LIXIN ACCOUNTING PUBLISHING HOUSE

图书在版编目(CIP)数据

进出口业务综合实训/严玉康,赵三宝主编. —上海:立信会计出版社,2010.10
高等职业教育"十二五"实训系列规划教材
ISBN 978 - 7 - 5429 - 2747 - 7

Ⅰ.①进… Ⅱ.①严… ②赵… Ⅲ.①进出口贸易—高等学校:技术学校—教材 Ⅳ.①F740.4

中国版本图书馆 CIP 数据核字(2011)第 001913 号

责任编辑　　赵志梅
封面设计　　周崇文

进出口业务综合实训

出版发行	立信会计出版社		
地　　址	上海市中山西路 2230 号	邮政编码	200235
电　　话	(021)64411389	传　　真	(021)64411325
网　　址	www.lixinaph.com	电子邮箱	lxaph@sh163.net
网上书店	www.shlx.net	电　　话	(021)64411071
经　　销	各地新华书店		

印　　刷	常熟市梅李印刷有限公司		
开　　本	787 毫米×1092 毫米	1/16	
印　　张	8		
字　　数	215 千字		
版　　次	2010 年 10 月第 1 版		
印　　次	2015 年 6 月第 2 次		
印　　数	4 101—6 200		
书　　号	ISBN 978 - 7 - 5429 - 2747 - 7/F		
定　　价	32.00 元		

如有印订差错,请与本社联系调换

经济与社会的发展对高等教育的要求越来越高。三十多年来,我国经济的发展使高等教育的毛入学率从 5% 提高到 23%,而对于上海这样经济比较发达的地区,毛入学率更是达到 60%。在这种情况下,高等教育逐渐清晰地分为:研究型大学、教学型大学和职业技术大学。在经济发达的美国,真正的研究型大学仅占 5%,而职业技术大学则占到 60%。

在科学技术日益发展的中国,职业技术教育的重要性日益显现。企业生产的电气化、自动化,生产流水线的普遍化、智能化,对研究、开发人员的科技创新能力要求不断提高,同时,对生产、管理人员的数量和科学素养的要求也越来越高。因此,高等职业技术院校的发展成为必然。目前,在上海地区,高等职业院校已占高校数量的三分之一,而在校生人数也已占到高校在校生总数的五分之一。

但是,如何办好高等职业技术教育,仍需要我们不断探索和不断进取,切忌把高等职业技术教育简单地改良为普通本科教育的压缩饼干,简单地把现成的本科教材改编、删减就变成高职教材。教育的目标不同,模式、内容、方法和教材当然不同。高等职业技术教育应极大程度地关注相关职业所需要的基本知识、基本技能,极大程度地了解和剖析专业岗位的操作规范、操作过程。从某种意义上来说,对专业技能和岗位职能训练的要求应远高于对专业理论的要求。而我们目前缺乏的就是这种岗位要求的技能训练教材,是系统而又与生产相吻合的教材,是科学而又容易被操作者掌握的教材。

高等职业教育"十二五"实训系列规划教材就是为此目的而编写的。作者们既是高校具有长期教学经验的教师,又是企业富有管理和生产经验的专家。丛书的内容,针对不同的行业、不同的岗位要求,搜集了大量信息、题材、案例,让学生身临其境地学习和训练。如果说,实训是高等职业技术院校学生不可缺少的学习环节,那么,这套实训系列教材的运用就是高等职业技术院校学生实训前的必修教材。有了它,高职教育可以显现特色,用了它,高职教育可以事半功倍。

愿这套实训教材为高职教育的改革、发展和创新起到推动作用,愿我们的高职教育为经济和社会的发展作出更大贡献。

近年来,我国对外贸易得到迅猛发展,并已成为世界贸易大国,与其相适应,国际商务、进出口货物报关、国际货运代理和国际物流等专业人才的需求不断上升。作为职业技术教育的院校,为了能培养出符合企业工作岗位要求的职业型人才,正在不断地进行教学改革,努力构建以学生就业为导向、以职业岗位能力为核心、以工作任务为主线、以专业能力为基础的创新技能型课程。"进出口业务综合实训"是国际商务、报关与国际货运和国际物流管理等专业的一门实践课程,讲述进出口贸易业务的理论、国际商务单证缮制和业务处理的方法,具有较强的综合性操作技能,是国际贸易业务员、国际商务单证员、国际货运代理等职业工作岗位的基础和起点。

本书以我国进出口贸易业务信用证为背景,突出工作过程的主体地位,按照实际工作情境组织实训内容,围绕进出口贸易单证流转这一主线,系统地阐述了各项主要单证的种类、作用、格式、内容和缮制方法。在教材的结构上强调理论知识为业务操作服务,边讲边做,并在每个实训项目后设置与其相应的综合业务模拟操作。

本书的体例不同于其他教材,是笔者在职业教育改革中的一种探索,其目的是让学生在进出口贸易业务仿真情景下,通过单证的缮制和业务的处理来掌握进出口贸易业务的知识技能。本书可作为高等职业技术院校的国际商务、报关与国际货运和国际物流管理等专业的实训教材。

本书由严玉康、赵三宝担任主编,在编写过程中,牟爱春、吴谢玲老师也参与了资料的搜集、部分内容的修改和校对工作。

限于水平和学识,书中难免会存在不够完善或不妥之处,敬请读者批评指正。

编　者

2010 年 10 月

目录 CONTENTS

第二部分　进口贸易

1

第一部分　出口贸易

　　国际贸易是指一个国家(或地区)同别的国家(或地区)所进行的商品和劳务交换活动的总称。要从事国际贸易,先要取得公司法人资格,还要依法进行对外贸易经营者备案登记,并到税务、海关、外汇、检验检疫等部门办理相关手续。公司建立后,利用各种途径寻找商机,与外商建立贸易业务关系,并与具有意向的贸易伙伴进行交易磋商,签订贸易合同。

　　合同签订后,买卖双方应按照合同条款的规定履行各自的义务。进口商必须按照合同规定的开证时间,及时开出本批交易的不可撤销跟单即期信用证。出口商收到信用证后进行认真审核,对不能接受的信用证条款提出改正。如无异议,开始备货,并制单办理订舱、原产地证书、报检、投保、报关和结汇等有关手续。当收妥货款后,还要进行核销和退税。

项目一

出口交易磋商

实训要求

- 了解出口交易磋商的基本程序及要求。
- 熟悉业务建交函、发盘函、接受函的主要内容。
- 掌握出口报价的核算方法。
- 掌握利润率的核算方法。

业务操作背景

　　南京进出口公司是一家专业进出口贸易公司,主要经营各种手工工具、电动工具等轻工业产品,销往东南亚、欧盟等国际市场,具有一定的声誉。

　　近日,在本年度广交会上获悉新加坡 JIM KING IMPORT & EXPORT CORPORATION 对本公司的电动钻头感兴趣。于是,南京进出口公司业务员徐永发先生与新加坡 JIM KING IMPORT & EXPORT CORPORATION 的 JOHN 经理进行交易磋商,采取信用证支付方式并签订销售合同。

工作任务一　撰写业务建交函

一、实训操作指南

1. 操作流程

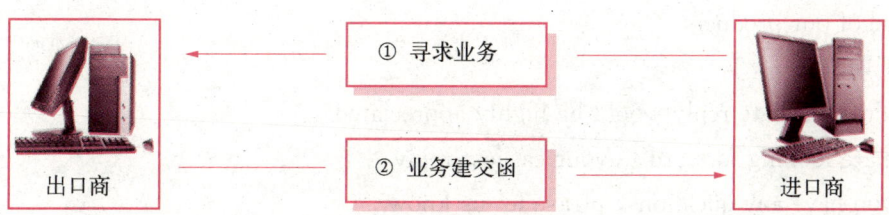

出口商　　　① 寻求业务　　　进口商

出口商　　　② 业务建交函　　　进口商

评析

- 建立贸易业务关系是开展出口贸易的基础。
- 进口商通常通过各种商务网站、产品发布会和各种交易博览会等获取信息。
- 出口商一旦得知客户的寻求业务信息,须立即发送建立贸易业务信函(简称建交函),
  希望建立贸易伙伴关系。

2. 操作要点

建交函是贸易公司在寻求国外合作伙伴并期望与其建立和发展业务关系时,向对方介绍本公司经营特点和产品特色的函电。一份建交函通常包括以下内容。

(1) 信息来源

例如:

We have obtained your name and address through the Commercial Counselor's Office of your Embassy in Shanghai.

We learned from the internet that you are in the market for textiles, so we would like to establish business relations with you.

Your firm had been recommended to us by ABC Co., as large importers of furniture.

(2) 致函目的

例如:

The purpose of this letter is to explore the possibilities of developing trade with you.

We are glad to send you this introductory letter, hoping that it will be the prelude to mutually beneficial relations between us.

(3) 公司介绍

We are a state-operated corporation, handling both the import and export of textile.

Being specialized in export of Chinese Arts and Crafts goods, we express our desire to trade with you in this line.

With years of effort we have already been the leading manufactures of light industrial products.

(4) 产品介绍

This kind of toy is of supreme quality and fine workmanship, with high popularity in America.

Since there are more than 100 items for your choice, we would like to attach the latest catalogue of our products.

(5) 期盼答复

Your immediate reply would be highly appreciated.

We are looking forward to your earliest reply.

If you have any questions, please let us know.

3. 操作实例

南京进出口公司利用公司网站发布供货信息。近日,收到新加坡 JIM KING IMPORT & EXPORT CORPORATION 的邮电。该邮电称,南京进出口公司的产品款式新颖,品质出众,想了解相关方面的信息。徐永发先生立即用邮件拟写了一封建交函,介绍了公司背景,随附产品目录,并表示愿意与新加坡 JIM KING IMPORT & EXPORT CORPORATION 建立长期的业务关系。

📧 答复　　📧 答复全部　　📧 转发 ▾　　🗑 删除　　✖ 永久删除　　📥 转到 ▾

发件人: XUYONGFA@163.COM

收件人: JIMKING@HOTMAIL.COM

主　题: ESTABLISH　BUSINESS　RELATIONS

Dear Mr. John,

　　We learned from your website that you are in the market for hand tools and electric tools and which falls within our business scope, so we avail ourselves of this opportunity to approach you for the establishment of the business relations with you.

　　We are a leading trading company in Nanjing. We have good connections with some reputable manufactures.

　　In order to acquaint you with our business lines, we enclose a copy of our latest catalogue and price list.

　　We are looking forward to your favorable reply.

Your sincerely,

NANJING IMP & EXP CO.,

XU YONG FA MAR.7,2010

二、实训操作

1. 业务操作背景

方达先生是东海职业技术学院国际贸易专业的学生,现在上海永胜进出口公司进行顶岗实习。该公司是一家专业进出口贸易公司,主要出口棉纺织品等业务。近日,上海永胜进出口公司收到英国 MANDARS IMPORTS CO., LTD. 的 SMITH 经理的邮电,想了解女裙产品的信息。于是,上海永胜进出口公司抓住商机,与该公司建立业务关系。

对此,要求实习生方达先生拟定业务建交函,并经指导老师审核后予以发送。

2. 业务操作资料

该建交函应包括以下内容:从网站获悉贵公司想了解本公司产品信息;上海永胜进出口公司是一家信誉良好的进出口贸易公司,主要从事棉纺织品等出口业务;上海永胜进出口公司有很多棉纺织品供应商;随附本公司产品目录;希望与贵公司建立业务关系。

3. 业务操作要求

在下列邮箱内,根据有关信息拟定业务建交函。

发 送	保存草稿

收件人：

主　题：

📎 上传附件 **50M** · U盘附件

正　文：　**B** ≡ 字体 ▼ 字号 ▼ **A** 🖼 🔗 🐴 | 🖼 信纸 | 🖼 使用明信片 | ❤ 使用魔法情书

工作任务二　出口报价核算

一、实训操作指南

1. 操作流程

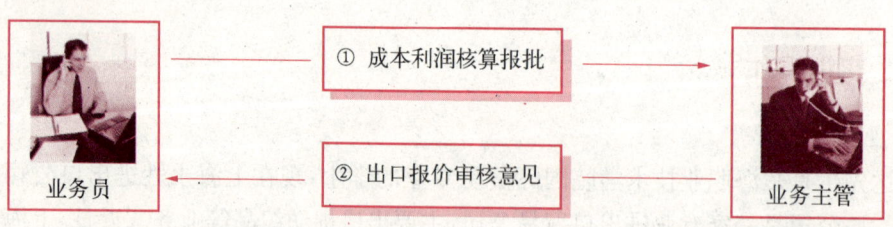

	① 成本利润核算报批 →	
业务员		业务主管
	← ② 出口报价审核意见	

评析

- 出口报价必须根据商品的供求关系、企业的发展战略等因素加以考虑。
- 业务员核算成本与利润后形成报价单，经业务主管或经理审批后，方可对外报价。

2. 操作要点

（1）出口商品价格构成

其计算公式如下：

$$出口商品价格＝成本＋费用＋利润$$

（2）成本核算公式

其计算公式如下：

$$实际成本 = 采购成本 - 出口退税额$$

$$实际成本 = 货价 \times (1 + 增值税税率 - 退税率)$$

$$出口退税额 = \frac{采购成本}{1 + 增值税税率} \times 出口退税率$$

$$采购成本 = 货价 + 增值税额$$
$$= 货价 + 货价 \times 增值税税率$$
$$= 货价 \times (1 + 增值税税率)$$

$$货价 = \frac{采购成本}{1 + 增值税税率}$$

$$实际成本 = 采购成本 - 出口退税额$$
$$= 货价 \times (1 + 增值税税率) - 货价 \times 退税率$$
$$= 货价 \times (1 + 增值税税率 - 退税率)$$

（3）班轮（散货）运费的计算

其计算公式如下：

$$F = Fb \times (1 + \sum S) \times Q$$

式中 F 为班轮运费；

Fb 为基本运费率；

$\sum S$ 为附加运费率之和；

Q 为总运量。

班轮（散货）运费计算步骤如下：选择合适的运价表；根据货物名称，在货物分级表中查询货物等级（CLASS）和运费计算标准（BASIS）；在等级费率表中，按照货物等级，根据相应的航线、装运港、目的港查出基本运价；在附加费率表中查出应付的附加运费项目和数额（或百分比）及货币种类；根据基本运价和附加运价算出实际运价；根据货物的数量算出应付运费总额。

（4）班轮集装箱运费计算的种类

拼箱货的运费计算与传统班轮（散货）运费计算方法相同。整箱货的运费计算是按一个货柜计收运费的，即包箱费率。常见的包箱费率有三种：FAK 包箱费率（Freight for all kinds）。即对每个集装箱不分货物种类，也不计货量统一收取的运价；FCS 包箱费率（Freight for class）。即按不同货物的等级制定的包箱费率。集装箱普通货物的等级与班轮散货运输一样，分为 20 级。可以在货物分级中查到；FCB 包箱费率（Freight for class or basis）。即按不同货物的等级或货物类别以及计算标准制定的费率。

集装箱运费计算步骤如下：选择适合的运价表，确定所运输的货物为拼箱货还是整箱货；根据货物名称，在货物分级表中查询货物等级，然后按照货物的等级和航线在费率表中查出整箱货或拼箱货的基本费率;拼箱货参照班轮散货运费的计算方法,整箱货根据所选取的集装箱的尺码,并直接按表中给出的单箱运费计算即可。

(5) 保险费的计算

其计算公式如下:

$$保险金额 = CIF(或 CIP) \times (1 + 投保加成率)$$

$$保险费 = 保险金额 \times 保险费率$$

保险费计算步骤如下:根据确定投保加成率计算保险金额;根据所投保险别的保险费率和保险金额计算保险费。

(6) 出口关税的计算

其计算公式如下:

$$出口货物应纳关税 = 出口货物完税价格 \times 出口货物关税税率$$

按照 FOB 价格成交　出口货物的完税价格 $= \dfrac{FOB 价}{1 + 出口关税税率}$

按照 CFR 价格成交　出口货物的完税价格 $= \dfrac{CFR 价 - 运费}{1 + 出口关税税率}$

按照 CIF 价格成交　出口货物的完税价格 $= \dfrac{CIF 价 - 运费 - 保险费}{1 + 出口关税税率}$

(7) 利润的计算

其计算公式如下:

$$销售利润 = 销售价格 \times 利润率$$

3. 操作实例

近日,南京进出口公司收到新加坡 JIM KING EMPORT & EXPORT CORPORATION 的询盘,对货号为 TY242 的电动工具感兴趣,要求报 CIF SINGAPORE 价格。对此,南京进出口公司徐永发先生根据成本、有关费用和预期利润进行核算。

(1) 出口报价核算资料

供货价格	25 元/套,均包含 17% 的增值税,出口手工工具的退税率为 9%
国内费用	运杂费 1 000 元、商检费 100 元、报关费 50 元。港区港杂费 600 元、业务费 1 180 元、其他费用 420 元
海运运费	集装箱运输,从连云港出口手工制品到新加坡,一个 20 英尺集装箱的包箱费率为 1 100 美元
货运保险	CIF 的基础上加成 10% 投保中国人民保险公司海运货物保险条款中的一切险和战争险。费率为 0.5% 和 0.15%
报价利润	报价的 10%
汇　率	8 元人民币兑换 1 美元

(2) 计算步骤

$$CIF 报价 = 成本 + 费用 + 利润$$

$$实际成本 = \frac{供货价格（采购成本）}{1 + 增值税税率} \times (1 + 增值税税率 - 退税率)$$

$$= \frac{25}{1 + 17\%} \times (1 + 17\% - 9\%)$$

$$= 23.08（元）$$

$$国内费用 = \frac{1\,000 + 100 + 50 + 600 + 1\,180 + 420}{1\,800}$$

$$= 1.86（元）$$

$$运费 = 1\,100 \times \frac{8}{1\,800}$$

$$= 4.89（元）$$

$$保险费 = CIF 价格 \times (1 + 10\%) \times (0.5\% + 0.15\%)$$

$$利润 = CIF 价格 \times 10\%$$

$$CIF 报价 = \frac{实际成本 + 国内费用 + 运费}{8} + 保险费 + 预期利润$$

$$= \frac{23.08 + 1.86 + 4.89}{8} + CIF 价格 \times (1 + 10\%)$$

$$\times (0.5\% + 0.15\%) + CIF 价格 \times 10\%$$

(3) 计算结果

货号为 TY242 的电动工具的 CIF 报价为 4.18 美元。

二、实训操作

1. 业务操作背景

近日,上海永胜进出口公司收到英国 MANDARS IMPORTS CO. , LTD. 的询盘,对货号为 MA212129 的纯棉女裙感兴趣,要求报 CIF LONDON 价格。对此,上海永胜进出口公司方达先生根据成本、有关费用和预期利润核算价格。

2. 业务操作资料

供货价格	52 元/件,均包含 17% 的增值税,出口纺织品的退税率为 5%
国内费用	运杂费 1 000 元、商检费 500 元、报关费 50 元。港区港杂费 1 000 元、业务费 2 000 元、其他费用 1 000 元
海运运费	从上海出口棉制品到英国伦敦,一个 20 英尺集装箱的包箱费率为 1 700 美元

（续上）

货运保险	CIF 的基础上加成 10％投保中国人民保险公司海运货物保险条款中的一切险和战争险。费率为 0.5％和 0.1％
报价利润	报价的 15％
汇　率	8 元人民币兑换 1 美元

3. 业务操作要求

核算货号为 MA212129 的纯棉女裙 CIF LONDON 的价格。

工作任务三　撰写发盘函

一、实训操作指南

1. 操作流程

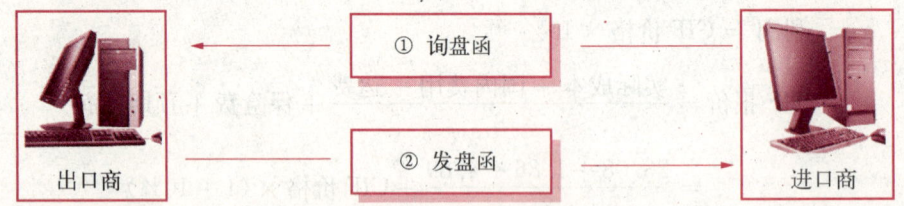

评析

● 收到询盘应及时回复，以示诚意与工作效率，展现公司的良好形象。

● 对于客户的问题或要求必须在发盘中给予回答，难以立即答复的，应告之原因。

● 发盘中应进一步对交易产品进行推介，并建议对方尽快订货。

2. 操作要点

发盘在法律上称为要约，是买卖双方中的一方向对方提出的各项交易条件，并愿意按这些条件达成交易，订立合同的一种肯定表示。一份发盘函通常包括以下内容。

（1）阐明各项主要交易条件

例如：

100 dozen of deerskin handbags style No. BW120 at $100.00 per dozen CIF London. For the Brand AGT - 4 Garment sewing machine, the best price is $80.00 per set FOB Shanghai，the minimum quantity is one 20'FCL and with the purchase of two or more containers，the price is reduced by 3％.

（2）规定发盘的有效期及其他约束条件

例如：

This offer is valid for ten days.

We offer firm，subject to your reply reaching us on or before Jan. 30.

This offer is subject to our final confirmation.

（3）明确表示商品质量的完好和订单的顺利进行

例如：

We can effect shipment within one month after your order has been confirmed.

Any order you place will be processed promptly.

（4）期望对方尽早下订单

例如：

We trust the above will be acceptable to you and await with keen interest your trial order.

We are awaiting your immediate reply.

3. 操作实例

南京进出口公司徐永发先生根据核算的结果于 3 月 10 日向新加坡 JIM KING EMPORT & EXPORT CORPORATION 发盘，确定各项交易条件，希望外商尽快订货。该发盘限 3 月 13 日前（包括 13 日）复到有效。

📩 答复　📩 答复全部　📩 转发 ▾　🗑 删除　✖ 永久删除　📩 转到 ▾

发件人：	XUYONGFA@163.COM
收件人：	JOHN@HOTMAIL.COM
主　题：	OFFER

Dear Mr. John,

　　We are pleased to receive your inquiry of MAR. 09, 2010 and to hear that you are interested in our products

In reply, we offer firm, subject to your reply reaching us on or before MAR. 13, 2010.

Unit price: USD 4.18 per piece CIF SINGAPORE

Packing: 10 pieces/ctn

Shipment: not later than MAY 30, 2010

Insurance: For 110 percent of the invoice value covering ALL RISKS & WAR RISK

Payment: By L/C at 30 days sight after B/L

We are looking forward to your initial order.

　　　　　　　　　　　　　　　　　　　　　Yours truly,

　　　　　　　　　　　　　　　　　　　　　NANJING IMP & EXP CO.,

　　　　　　　　　　　　　　　　　　　　　XU YONG FA MAR.10, 2010

二、实训操作

1. 业务操作背景

上海永胜进出口公司方达先生根据核算的结果于 3 月 10 日向英国 MANDARS IMPORTS CO.，LTD. 发盘,确定各项交易条件,希望外商尽快订货。

2. 业务操作资料

该发盘函应包括以下内容：价格为每件 7.50 美元 CIF LONDON；包装规定每条装入一胶袋,18 条不同尺码与颜色装入一出口纸箱；不迟于 2010 年 5 月 30 日装运；提单签发日后 120 日信用证支付；投保一切险和战争险；该发盘限 3 月 13 日前(包括 13 日)复到有效。

3. 业务操作要求

在下列邮箱内,根据有关信息拟订发盘函。

发 送	保存草稿

收件人：

主 题：

📎 上传附件 50M - U盘附件

正 文： **B** ≣ 字体 ▼ 字号 ▼ **A** ✎ 🖉 🖋 🖿 信纸 | 🖼 使用明信片 | ♥ 使用魔法情书

工作任务四 撰写接受函

一、实训操作指南

1. 操作流程

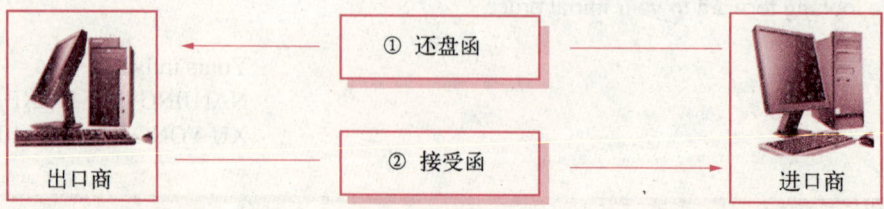

出口商 ← ① 还盘函 ← 进口商
出口商 → ② 接受函 → 进口商

评析

● 还盘主要是对价格条件提出意见,其非交易磋商的必经环节,但在实际业务中经常发生。

● 接受必须在发盘的有效期内作出。一旦接受,合同即告成立。

2. 操作要点

交易磋商中,受盘人在接到发盘后,不同意或不完全同意发盘人在发盘中提出的条件的情况经常发生,这主要表现在价格等方面。此时,发盘人对受盘人提出的价格要进行利润核算,只要在可接受范围内,就要立即向受盘人发出接受函,表示接受。

接受在法律上称"承诺",是买方或卖方同意对方在发盘中提出的各项交易条件,并愿按这些条件与对方达成交易、订立合同的一种肯定的表示。一旦接受成立,交易即告达成,双方就达成的交易条件签订贸易合同。

3. 操作实例

3月12日,南京进出口公司徐永发先生收到新加坡 JIM KING EMPORT & EXPORT CORPORATION 还盘,该新加坡公司称价格太高,希望由原来的每件 4.18 美元降为 4.00 美元。为此,方达先生对还价进行了利润核算,经过再三考虑,决定接受外商提出的价格,随即拟写接受函。

(1)核算利润率

$$CIF 报价 = 4.00 \times 8 = 32.00(元)$$

$$CIF 报价 = 成本 + 费用 + 利润$$

$$实际成本 = \frac{供货价格(采购成本)}{1 + 增值税税率} \times (1 + 增值税税率 - 退税率)$$

$$= \frac{25}{1 + 17\%} \times (1 + 17\% - 9\%) = 23.08(元)$$

$$国内费用 = \frac{1\,000 + 100 + 50 + 600 + 1\,180 + 420}{1\,800}$$

$$= 1.86(元)$$

$$运费 = 1\,100 \times 8 \div 1\,800$$

$$= 4.89(元)$$

$$保险费 = CIF 价格 \times (1 + 10\%) \times (0.5\% + 0.15\%) \times 8$$

$$= 0.228\,8(元)$$

$$预期利润 = CIF 报价 - 实际成本 - 国内费用 - 运费 - 保险费$$

$$= 32 - 23.08 - 1.86 - 4.89 - 0.228\,8$$

$$= 1.94(元)$$

$$利润率 = 1.94 \div 32 \times 100\% = 6\%$$

（2）拟写接受函

📩 答复	📩 答复全部	📩 转发 ▼	🗑 删除	✖ 永久删除	📩 转到 ▼

发件人： XUYONGFA@163.COM
收件人： JOHN@HOTMAIL.COM
主　题： ACCEPTANCE

Dear Mr. John,

　　Thank you for your letter of MAR.12, 2010.

　　We would like to inform you that in view of our long-standing business relationship, we accept your proposal for price, other conditions remain unchanged. We will draw up sale contract and send it to you as soon as possible.

Yours truly,

NANJING IMP & EXP CO.,

XU YONG FA MAR.13, 2010

二、实训操作

1. 业务操作背景

3月12日，上海永胜进出口公司方达先生收到英国 MANDARS IMPORTS CO.，LTD. 还盘，希望价格由每件7.50美元降为7.00美元。为此，方达先生对还价进行了利润核算，经过再三考虑，决定接受外商提出的价格，随即拟写接受函。

2. 业务操作资料

该接受函主要包括以下内容：利润率在13％内可以接受；发盘其他条件不变。

3. 业务操作要求

计算利润率，如在13％内可以接受，并在下列邮箱内，根据有关信息拟订接受函。

发 送	保存草稿

收件人：

主　题：

📎 上传附件 50M - U盘附件

正文： **B** ≡ 字体 ▼ 字号 ▼ **A** 🖋 🎨 🎭 🖼 信纸 │ 🎴 使用明信片 │ ❤ 使用魔法情书

综合业务模拟操作

一、实训操作资料

广州纺织品进出口公司[地址：广州市北京路 530 号，TEL：(020)64043030，FAX：(020)64043031，电子信箱地址：WANJU@168.CN]主要经营各种纺织品和服装等进出口业务，在欧美、日本等国际市场上有一定的声誉。业务员王伟在互联网上获悉法国 OLEARA TRADE CO.，LTD(地址：310－224 HOLA STREET MARSEILLE FRANCE，TEL：491－38241234，FAX：491－38241235，电子信箱地址 OLEARA@123.OR.JP)对男式衬衫感兴趣，于是，及时与对方取得联系并进行贸易磋商。

1. 5 月 11 日，OLAEARA 公司来函。

"对你方衬衫很感兴趣，请报 CIF MARSEILLE 的价格。"

2. 5 月 12 日，向 OLAEARA 公司发报价函。

"男式衬衫，Art No. 88(BLUE)每件 6.5 美元，Art No. 44(BLACK)每件 7.5 美元，Art No. 77(RED)每件 5.5 美元，Art No. 66(YELLOW)每件 7.8 美元，Art No. 99(GREEN)每件 7.9 美元，CIF 马赛，不可撤销即期信用证。每件装一个塑料袋，20 个装一个纸箱。交货时间不迟于 7 月 31 日。"

3. 5 月 13 日，OLAEARA 公司来函。

"对 Art No. 88(BLUE)、Art No. 44(BLACK)衬衫感兴趣，其他条件可以接受，但价格太贵。如 Art No. 44(BLACK)能降 0.50 美元，愿意订货各 3 000 件。"

广州纺织品进出口公司根据 OLAEARA 公司提出的价格，重新核算 Art No. 44(BLACK)衬衫利润率。

供货价格	48 元/件，均包含 17％的增值税，出口纺织品的退税率为 9％
国内费用	运杂费 680 元、商检费 100 元、报关费 50 元。港区港杂费 600 元、业务费 1 200 元、其他费用 880 元
海运运费	集装箱运输，从广州出口棉制品到法国马赛，一个 20 英尺集装箱的包箱费率为 2 040 美元
货运保险	CIF 的基础上加成 10％投保中国人民保险公司海运货物保险条款中的一切险和战争险。费率为 0.5％和 0.35％
汇　　率	8 元人民币兑换 1 美元

4. 5 月 14 日，广州纺织品进出口公司发接受函。

"同意贵方的价格要求，其他交易条件不变。"

二、实训操作要求

1. 请你以业务员的身份根据上述资料用英语拟写一份发盘函。

OFFER

2. 请根据 O'LEARA TRADE CO.，LTD. 的还价重新核算利润率。

3. 请你以业务员的身份根据上述资料用英语拟写一份接受函。

ACCEPTANCE

项目二

合同签订和审核信用证

- 了解贸易合同成立的有效条件。
- 熟悉贸易合同的形式及主要内容。
- 掌握贸易合同签订的程序。
- 掌握信用证审核方法与要求。

业务操作背景

　　南京进出口公司与新加坡 JIM KING IMPORT & EXPORT CORPORATION 就电动钻头交易条件达成一致后,拟定销售合同一式两份,双方签章后各持一份作为履行合同的依据。进口商 JIM KING IMPORT & EXPORT CORPORATION 按合同的规定开出信用证,出口商南京进出口公司根据合同条款对其进行仔细审核,对不能接受的不符点通知进口商修改信用证。

工作任务一　签订贸易合同

一、实训操作指南

1. 操作流程

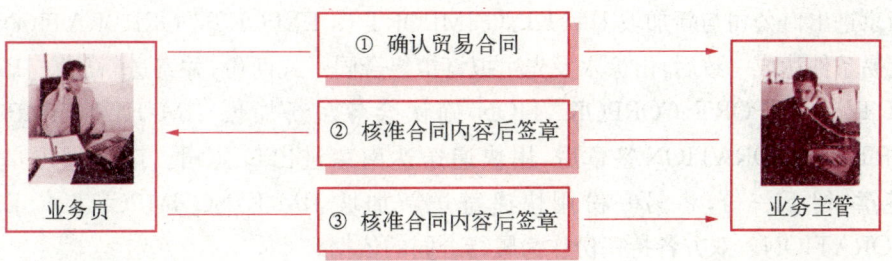

业务员		业务主管
	① 确认贸易合同 →	
	← ② 核准合同内容后签章	
	③ 核准合同内容后签章 →	

评析

- 贸易合同有合同书与确认书两种形式,两者仅是内容简繁差异,法律效力相同。
- 合同书的确认、签章,通常是通过国际快递进行传送的。

2. 操作要点

(1) 贸易合同成立的有效条件

一是当事人必须具有订立合同的行为能力。一般来说,具有法律行为能力的人是指登记注册的企业法人和自然人中的成年人。没有法律行为能力的人或限制法律行为能力的人,如未成年人和精神病患者等,都被视为没有签订合同能力的人,其所订立的合同,视情况予以撤销或宣布无效。

二是当事人必须在自愿和真实的基础上达成协议。我国《合同法》明确规定,"合同当事人的法律地位平等,一方不得将自己的意志强加给另一方";"当事人依法享有自愿订立合同的权利,任何单位和个人不得非法干预"。

三是合同必须有对价和合法的约因。对价指当事人为了取得合同利益所付出的代价,这是英美法的概念。例如,在买卖合同中,买方得到卖方提供的货物必须支付货款,而卖方取得买方支付的货款必须交货,买方支付和卖方交货就是买卖合同的"对价"。约因是法国法律的概念,"约因"与英美法中的"对价"相类似,是指当事人签订合同所追求的直接目的。买卖合同在具有"对价"和"约因"的情况下,才是有效的。无"对价"或无"约因"的合同是得不到法律保护的。

四是合同的标的必须合法。合法是合同的基本性质,凡是违反法律、违反公共秩序或公共政策以及违反善良风俗或道德的合同,一律无效。

五是合同必须符合法律规定的形式。我国《合同法》规定,"当事人订立合同,有书面形式、口头形式和其他形式",但"法律、行政法规规定采用书面形式的,应当采用书面形式。当事人约定采用书面形式的,应当采用书面形式。"

(2) 贸易合同签订的程序

贸易合同书是没有统一规定的,其固定条款内容都事先规定并印制好。贸易合同书一式两份,通常由卖方根据交易磋商达成的内容填入合同相关的条款内,经买方确认后签章,并交卖方签章。买卖双方各自留下一份作为履行合同的依据。

3. 操作实例

南京进出口公司与新加坡 JIM KING IMPORT & EXPORT CORPORATION 就电动钻头交易条件达成一致后,由徐永发先生拟订销售合同一式两份,并寄送新加坡 JIM KING IMPORT & EXPORT CORPORATION 确认会签。新加坡 JIM KING IMPORT & EXPORT CORPORATION 签章后,用快递送达南京进出口公司。南京进出口公司收到后签章,留下一份,将另一份用快递寄送新加坡 JIM KING IMPORT & EXPORT CORPORATION。双方各持一份作为履行合同的依据。

南 京 进 出 口 公 司
NANJINGIMP. & EXP. CO.,
1321 ZHONGSHAN ROAD NANJING CHINA

售 货 确 认 书

S/C NO.: TXT200710

DATE: MAR. 15, 2010

POST CODE: 210009
FAX: (025)23502222
TEL: (025)23501111
To Messrs:

JIM KING IMPORT & EXPORT CORPORATION

NO. 206 CHANGJ NORTH STREET SINGAPORE

敬启者：兹确认售予你方下列货品，其成交条款如下：

Dear Sirs,

　　We hereby confirm having sold to you the following goods on terms and conditions as specified below.

唛　头 SHIPPING MARK	商品名称、规格及包装 NAME OF COMMODITY AND SPECIFICATIONS, PACKING	数　量 QUANTITY	单　价 UNIT PRICE	总　值 TOTAL AMOUNT
JIM TXT200710 SINGAPORE C/NO.: 1－UP	ELECTRIC DRILL PACKING: PACKED IN ONE CARTON OF 10 SETS EACH	1 800 PCS	CIF SINGAPORE USD 4.00	USD 7 200.00

装运港：NANJING

LOADING PORT：

目的港：SINGAPORE

DESTINATION：

装运期限：LATEST DATE OF SHIPMENT 100530

TIME OF SHIPMENT：

分批装运：ALLOWED

PARTIAL SHIPMENT：

转　船：ALLOWED

TRANSHIPMENT：

保　险：FOR 110 PERCENT OF THE INVOICE VALUE COVERING ALL RISKS AND WAR RISK

INSURANCE：

付款条件：BY L/C AT 30 DAYS SIGHT AFTER B/L

TERMS OF PAYMENT：

　　唛头：☑由卖方指定。□由买方指定，须在信用证开出前＿＿＿天提出并经卖方同意，否则由卖方指定。

　　Shipping mark：☑ To be designated by the seller. □ In case the buyer desire to designate their own

shipping mark, the buyer shall advise the seller ＿ days before opening L/C. and the seller' consent must be obtained, otherwise the shipping mark will be designated by the seller.

买方须于2010年5月10日前开出本批交易的信用证(或通知售方进口许可证号码),否则,售方有权不经过通知取消本确认书,或向买方提出索赔。

The buyer shall establish the covering Letter of Credit (or notify the Import License Number) before May. 10, 2010, falling which the seller reserves the right to rescind without further notice, or to accept whole or any part of this Sales Confirmation non-fulfilled by the buyer, or, to lodge claim for direct losses sustained, if any.

凡以 CIF 条件成交的业务,保额为发票价的 110%,投保险别以售货确认书中所开列的为限,买方如果要求增加保额或保险范围,应于装船前经卖方同意,因此而增加的保险费由买方负责。

For transactions conclude on CIF basis, it is understood that the insurance amount will be for 110% of the invoice value against the risks specified in Sales Confirmation. If additional insurance amount or coverage is required, the buyer must have consent of the seller before Shipment, and the additional premium is to be borne by the buyer.

装运单据:卖方应向议付行提供下列单据:

Shipping documents: The seller shall present the following documents to the negotiating bank for payment:

(1) 全套清洁已装船空白抬头空白背书提单,注明运费已付。

Full set clean on board of shipped Bills of Lading made out to order and blank endorsed, mark "Freight Prepaid".

(2) 商业发票 6 份。

Commercial invoice in 6 copies.

(3) 装箱单或重量单 5 份。

The packing list or weight list in 5 copies.

(4) 可转让的保险单或保险凭证正本一份及副本 2 份。

One original and 2 duplicate copies of the transferable insurance policy or insurance certificate.

(5) 买方指定的机构签发的品质、重量/数量检验证书正本一份,副本 2 份。

One original and 2 duplicate copies of inspection certificate of quality, quantity/weight issued by the Inspecting Agency Designated By the buyer.

(6) 中国商会签发的原产地证明书正本一份,副本 1 份。

One original and 1 duplicate copies of the Certificate of origin issued by the Chamber of Commerce or Other Authority Duly Entitled for this purpose.

品质/数量异议:如买方提出索赔,凡属品质异议须于货到目的口岸之 60 日内提出,凡属数量异议须于货到目的口岸之 30 日内提出,对所装货物所提任何异议属于保险公司、轮船公司等其他有关运输或邮递机构,卖方不负任何责任。

QUALITY/QUANTITY DISCREPANCY: In case of quality discrepancy, claim should be filed by the buyer within 60 days after the arrival of the goods at port of destination; while for quantity discrepancy, claim should be filed by the buyer within 30 days after the arrival of the goods at port of destination. It is understood that the seller shall not be liable for any discrepancy of the goods shipped due to causes for which the insurance company, shipped company, other transportation organization/or Post Office are liable.

本确认书内所述全部或部分商品,如因人力不可抗拒的原因,以致不能履约或延迟交货,卖方概不负责。

The seller shall not be held liable for failure of delay in delivery of the entire lot or a portion of the goods under this Sales Confirmation in consequence of any force majeure incidents.

买方在开给卖方的信用证上请填注本确认书号码。

The buyer is requested always to quote the Number of this Sales Confirmation in the letter of Credit to be opened in favour of the seller.

买方收到本售货确认书后请立即签回一份,如买方对本确认书有异议,应于收到后 5 天内提出,否则认为买方已同意接受本确认书所规定的各项条款。

The buyer is requested to sign and return one copy of the Sales Confirmation immediately after the receipt of same, objection, if any, should be raised by the buyer within five days after the receipt of this Sales Confirmation, in the absence of which it is understood that the buyer has accepted the terms and condition of the Sales Confirmation.

JIM KING IMP. & EXP. CO.,

南京进出口公司
NANJING IMP. & EXP. CO.,
合同专用章

买方: JOHN
THE BUYER:

卖方: 徐永发
THE SELLER:

二、实训操作

1. 业务操作背景

上海永胜进出口公司与英国 MANDARS IMPORTS CO., LTD. 就弹力牛仔女裙交易条件达成一致后,由方达先生拟订销售合同一式两份,并寄送英国 MANDARS IMPORTS CO., LTD. 确认会签。MANDARS IMPORTS CO., LTD. 签章后,用快递送达上海永胜进出口公司。上海永胜进出口公司收到合同书后签章,留下一份,将另一份用快递寄送英国 MANDARS IMPORTS CO., LTD.。双方各持一份作为履行合同的依据。

2. 业务操作资料

数　　量: 18 000 条

合　同　号: TXT200710(合同日期为 2010 年 3 月 15 日)

包　　装: 每条装入一胶袋,18 条不同尺码与颜色装入一出口纸箱

装　运　期: 不迟于 2010 年 5 月 30 日装运,不允许分批装运与转船

支付方式: 提单签发日后 120 日信用证支付

保　　险: 投保一切险和战争险

议付单据: 全套清洁已装船空白抬头空白背书提单并注明运费已付;商业发票与装箱单一式 5 份;保险单正本 2 份;买方指定的机构签发的品质检验证书正本 2 份;中国商会签发的原产地证明书正本 1 份;买方因品质异议提出索赔须货到目的口岸之 60 日内,属数量异议的为 30 日内。

3. 业务操作要求

根据有关信息拟订贸易确认书。

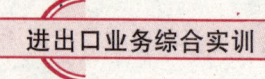

上 海 永 胜 进 出 口 公 司

SHANGHAI YONGSHENG IMP. & EXP. CO.,

21 WEST ZHONGSHAN ROAD SHANGHAI CHINA

售 货 确 认 书

S/C NO.：_____

DATE：_____

POST CODE：200031

FAX：(021)64500002

TEL：(021)64500003

To Messrs：

敬启者：兹确认售予你方下列货品，其成交条款如下：

Dear Sirs,

　　We hereby confirm having sold to you the following goods on terms and conditions as specified below：

唛 头 SHIPPING MARK	商品名称、规格及包装 NAME OF COMMODITY AND SPECIFICATIONS, PACKING	数 量 QUANTITY	单 价 UNIT PRICE	总 值 TOTAL AMOUNT

装运港：

LOADING PORT：

目的港：

DESTINATION：

装运期限：

TIME OF SHIPMENT：

分批装运：

PARTIAL SHIPMENT：

转 船：

TRANSHIPMENT：

保 险：

INSURANCE：

付款条件：

TERMS OF PAYMENT：

　　唛头：□由卖方指定。□由买方指定，须在信用证开出前____天提出并经卖方同意，否则由卖方指定。

　　Shipping mark：□ To be designated by the seller. □ In case the buyer desire to designate their own shipping mark, the buyer shall advise the seller ＿＿ days before opening L/C. and the seller' consent must be obtained. otherwise the shipping mark will be designated by the seller.

买方须于　　　年　　月　　　日前开出本批交易的信用证（或通知售方进口许可证号码），否则，售方有权不经过通知取消本确认书，或向买方提出索赔。

The buyer shall establish the covering Letter of Credit（or notify the Import License Number）before ＿＿＿＿, falling which the seller reserves the right to rescind without further notice, or to accept whole or any part of this Sales Confirmation non-fulfilled by the buyer，or，to lodge claim for direct losses sustained，if any.

凡以 CIF 条件成交的业务，保额为发票价的 110％，投保险别以售货确认书中所开列的为限，买方如果要求增加保额或保险范围，应于装船前经卖方同意，因此而增加的保险费由买方负责。

For transactions conclude on CIF basis, it is understood that the insurance amount will be for 110% of the invoice value against the risks specified in Sales Confirmation. If additional insurance amount or coverage is required，the buyer must have consent of the Seller before Shipment，and the additional premium is to be borne by the Buyer.

装运单据：卖方应向议付行提供下列单据：

Shipping documents：The seller shall present the following documents to the negotiating bank for payment：

（1）全套清洁已装船空白抬头空白背书提单，注明运费已付。

Full set clean on board of shipped Bills of Lading made out to order and blank endorsed，mark "Freight Prepaid".

（2）商业发票＿＿＿份。

Commercial invoice in ＿＿＿ copies.

（3）装箱单或重量单＿＿＿份。

The packing list or weight list in ＿＿＿ copies.

（4）可转让的保险单或保险凭证正本＿＿＿份。

＿＿＿ duplicate original of the transferable insurance policy or insurance certificate.

（5）买方指定的机构签发的品质检验证书正本 ＿＿＿份。

＿＿＿ duplicate original of inspection certificate of quality issued by the Inspecting Agency Designated By the buyer.

（6）中国商会签发的原产地证明书正本＿＿＿份。

One original of the Certificate of origin issued by the Chamber Of Commerce or Other Authority Duly Entitled for this purpose.

品质/数量异议：如买方提出索赔，凡属品质异议须于货到目的口岸之＿＿＿日内提出，凡属数量异议须于货到目的口岸之＿＿＿日内提出，对所装货物所提任何异议属于保险公司、轮船公司等其他有关运输或邮递机构，卖方不负任何责任。

QUALITY/QUANTITY DISCREPANCY：In case of quality discrepancy, claim should be filed by the buyer within ＿＿＿ days after the arrival of the goods at port of destination；while for quantity discrepancy, claim should be filed by the buyer within ＿＿＿ days after the arrival of the goods at port of destination. It is understood that the seller shall not be liable for any discrepancy of the goods shipped due to causes for which the insurance company, shipped company other transportation organization/or post office are liable.

本确认书内所述全部或部分商品，如因人力不可抗拒的原因，以致不能履约或延迟交货，卖方概不负责。

The seller shall not be held liable for failure of delay in delivery of the entire lot or a portion of the goods under this Sales Confirmation in consequence of any force majeure incidents.

买方在开给卖方的信用证上请填注本确认书号码。

The buyer is requested always to quote the Number of this Sales Confirmation in the letter of Credit to be opened in favour of the seller.

买方收到本售货确认书后请立即签回一份，如买方对本确认书有异议，应于收到后五天内提出，否则认为买方已同意接受本确认书所规定的各项条款。

The buyer is requested to sign and return one copy of the Sales Confirmation immediately after the receipt of same, objection, if any, should be raised by the buyer within five days after the receipt of this Sales Confirmation, in the absence of which it is understood that the buyer has accepted the terms and condition of the Sales Confirmation.

买　方：　　　　　　　　　　　　　　卖　方：
THE BUYER：　　　　　　　　　　　　THE SELLER：

工作任务二　审核信用证

一、实训操作指南

1. 操作流程

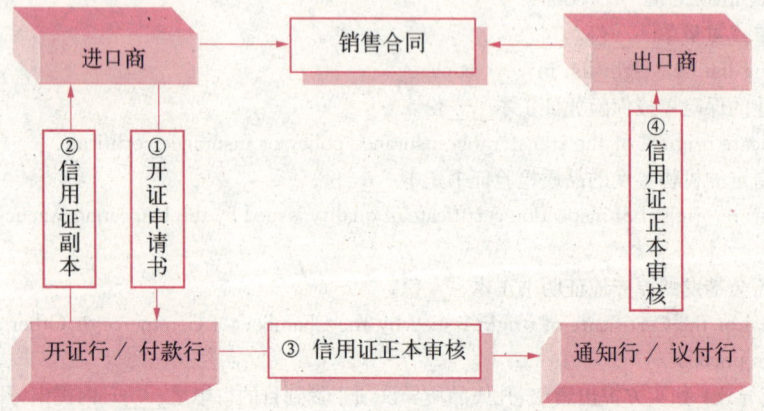

评析

● 进口商要按合同规定的开证时间开出信用证。

● 开证行根据开证申请书开立信用证，正本寄送通知行，副本交进口商。

● 通知行收到信用证后审核开证行的资信能力、付款责任和索汇路线，并鉴别其真伪。

● 出口商收到通知行寄来的信用证后，审核内容是否与合同相关条款一致。

2. 操作要点

出口商审核信用证要点如下：

（1）对信用证规定的品质、数量、包装的审核

信用证就商品名称、品质、数量、包装的规定须与合同一致，如发现与合同规定不符，我方又不能接受的，应要求买方改证。

（2）对信用证所列受益人和开证申请人的名称和地址的审核

信用证中的受益人和开证申请人的名称和地址应与合同的有关内容相一致。

（3）对信用证金额、货币的审核

信用证金额与货币应与合同金额一致，如合同订有溢短装条款，信用证金额亦有相应的增减。

（4）对信用证中运输条款的审核

审核信用证规定的装运港、目的港、装运期、分批装运和转运是否与合同的规定相符。

（5）对信用证规定单据的审核

对信用证中所要求提供的单据种类、填写内容、文字说明、文件份数、填写方法等都要认真审核，凡是信用证要求的单据与我国政策相抵触或根本办不到的，应及时与对方联系修改。

（6）对信用证有效期、到期地点、装运期的审核

装运期必须与合同规定的时间相一致。如因来证太晚或发生意外情况而不能按时装运时，应及时电请买方展延装运期限；如来证仅规定有效期而未规定装运期时，信用证的有效期可视为装运期或有效期与装运期是同一个时期，这需依据我方装运情况来决定是否修改，通常信用证的有效期与装运期都有一定合理的时间间隔，以便装运货物后有充足的时间办理制单、结汇工作。到期地点一般都要求在我国境内，如规定在国外到期地点，因不好掌握寄单时间，一般不轻易接受。

3. 操作实例

南京进出口公司在合同规定的开证时间内收到进口商新加坡 JIM KING IMPORT & EXPORT CORPORATION 开立的不可撤销的跟单远期信用证，徐永发先生依据合同条款对其进行认真的审核，如发现信用证中有不能接受的不符点，必须要求新加坡 JIM KING IMPORT & EXPORT CORPORATION 修改信用证。

（1）信用证

IRREVOCABLE DOCUMENTARY CREDIT

SEQUENCE OF TOTAL	*27:	1/1
FORM OF DOC, CREDIT	*40A:	IRREVOCABLE
DOC. CREDIT NUMBER	*20:	XT370
DATE OF ISSUE	31C:	100430
DATE AND PLACE OF EXPIRY	*31D:	DATE 100630 IN SINGAPORE
APPLICANT	*50:	JIM KING IMPORT & EXPORT CORPORATION
		NO. 206 CHANGJ NORTH STREET SINGAPORE
ISSUING BANK	52A:	BANK OF SINGAPORE
		205 QUEENWAY, SINGAPORE

(continued)

BENEFICIARY	*59:	NANJING YONGSHENG IXP. & EXP. CORP. 1321 ZHONGSHAN ROAD NANJING CHINA
AMOUNT	*32B:	CURRENCY USD AMOUNT 7200.00
AVAILABLE WITH/BY	*41D:	BANK OF CHINA NANJING BRANCH
DRAFTS AT ...	42C:	DRAFTS AT SIGHT FOR FULL INVOICE COST
DRAWEE	42A:	BANK OF SINGAPORE
PARTIAL SHIPMENTS	43P:	ALLOWED
TRANSSHIPMENT	43T:	NOT ALLOWED
PORT OF LOADING/	44E:	NANJING PORT
FOR TRANSPORTATION TO ...	44B:	SINGAPORE PORT
LATEST DATE OF SHIPMENT	44C:	100530
DESCRIPT OF GOODS	45A:	ELECTRIC DRILL AS PER S/C NO. TXT200710
DOCUMENTS REQUIRED	46A:	

+ SIGNED COMMERCIAL INVOICE, 2 ORIGINAL AND 4 COPIES.

+ PACKING LIST, 1 ORIGINAL AND 4 COPIES.

+ CERTIFICATE OF ORIGIN GSP CHINA FORM A AND EEC, ISSUED BY THE CHAMBER OF COMMERCE OR OTHER AUTHORITY DULY ENTITLED FOR THIS PURPOSE.

+FULL SET OF NEGOTIABLE INSURANCE POLICY OR CERTIFICATE BLANK ENDORSED FOR 120 PERCENT OF THE INVOICE VALUE COVERING ALL RISKS & WAR RISK.

+ FULL SET OF B/L CLEAN ON BOARD, MADE OUT TO ORDER OF SHIPPER AND BLANK ENDORSED AND MARKED "FREIGHT PREPAID" AND NOTIFY APPLICANT.

+ QUALITY CERTIFICATE IS TO BE EFFECTED BEFORE SHIPMENT AND IS REQUIRED FROM THE INSPECTING AGENCY DESIGNATED BY THE BUYER.

CHARGES	71B:	ALL BANKING CHARGES OUTSIDE UK ARE FOR ACCOUNT OF BENEFICIARY.
PERIOD FOR PRESENTATION	48:	DOCUMENTS MUST BE PRESENTED WITHIN 15 DAYS AFTER THE DATE OF SHIPMENT BUT WITHIN THE VALIDITY OF THE CREDIT.

（2）审证结果

经审核有六处需要修改：受益人名称是 NANJING IMP. & EXP. CO.，而非 NANJING YONGSHENG IXP. & EXP. CORP.；信用证到期的地点应为受益人国内，而非开证申请人国内；投保金额为发票金额的110%，而非120%；汇票是提单签发日60天付款，而不是即期付款；转运允许，而非不允许；删除"QUALITY CERTIFICATE IS TO BE EFFECTED BEFORE SHIPMENT AND IS REQUIRED FROM THE INSPECTING AGENCY DESIGNATED BY THE BUYER"添加"QUALITY CERTIFICATE IS ISSUED BY CHINA EXIT & ENTRY INSPECTION & QUARANTINE BUREAU"。

（3）撰写改证函

南京进出口公司徐永发先生根据信用证中的不符点拟写改证函，并寄往新加坡 JIM KING IMPORT & EXPORT CORPORATION，要求其及时修改信用证，以免延误装运。

答复　**答复全部**　**转发▾**　**删除**　**永久删除**　**转到▾**

发件人： XUYONGFA@163.COM
收件人： JOHN@HOTMAIL.COM
主　题： EDITING THE CREDIT

Dear Mr. John,

We have received your letter of credit. thank you for your prompt issuing.

However，when we checked the L/C with the relevant contract，we found the following discrepancies：

1）the name of the beneficiary should be NANJING IMPORT & EXPORT CORPORATION.

2）the L/C expiry place should be in CHINA，not in SINGAPORE.

3）the goods are insured for 110% of invoice value，not 120%.

4）the draft should be paid at 30 days after B/L date instead of at sight.

5）transshipment should be allowed，not prohibited.

6）delete the clause "QUALITY CERTIFICATE IS TO BE EFFECTED BEFORE SHIPMENT AND IS REQUIRED FROM THE INSPECTING AGENCY DESIGNATED BY THE BUYER"and add the wording "QUALITY CERTIFICATE IS ISSUED BY CHINA EXIT & ENTRY INSPECTION & QUARANTINE BUREAU".

Please let us have your L/C amendment soon so that we may effect shipment within the contracted delivery time.

Thank you.

Yours truly,

NANJING IMP.& EXP. CO.，

XU YONG FA　MAY 5，2010

（4）收到信用证改证书

JIM KING IMPORT & EXPORT CORPORATION 针对南京进出口公司提出的改证要求进行审核，确认无误后，向开证行 BANK OF SINGAPORE 提出修改信用证申请要求。开证行根据修改信用证申请书进行改证，发出信用证改证书。

<table>
<tr><td colspan="2" align="center">**BANK OF SINGAPORE**
APPLICATION FOR AMENDMENT</td></tr>
<tr><td>To：BANK OF CHINA NANJING BRANCH</td><td>Amendment to Credit NO.：XT370
Amendment NO.：XT183
Amendment Date：MAY 10，2010</td></tr>
<tr><td>Applicant
JIM KING IMPORT & EXPORT CORPORATION
NO. 206 CHANGJ NORTH STREET SINGAPORE</td><td>Advising Bank
BANK OF CHINA NANJING BRANCH</td></tr>
<tr><td>Beneficiary (before this amendment)
NANJING IMP & EXP CO.，
1321 ZHONGSHAN ROAD NANJING
CHINA</td><td>Amount
USD 7 200. 00</td></tr>
</table>

(continued)

The above mentioned credit is amended as follows:
1. the name of the beneficiary should be NANJING IMPORT &. EXPORT CORPORATION.
2. the L/C expiry place should be in CHINA, not in SINGAPORE.
3. the goods are insured for 110% of invoice value, not 120%.
4. the draft should be paid at 30 days after B/L date instead of at sight.
5. transshipment should be allowed, not prohibited.
6. delete the clause "QUALITY CERTIFICATE IS TO BE EFFECTED BEFORE SHIPMENT AND IS REQUIRED FROM THE INSPECTING AGENCY DESIGNATED BY THE BUYER." and add the wording "QUALITY CERTIFICATE IS ISSUED BY CHINA EXIT &. ENTRY INSPECTION &. QUARANTINE BUREAU."
☐ Banking charges:

All other terms and conditions remain unchanged.

Authorized Signature(s)
BANK OF SINGAPORE

This Amendment is Subject to Uniform Customs and Practice for Documentary Credits (2007 Revision) International Chamber of Commerce Publication No. 600.

二、实训操作

1. 业务操作背景

上海永胜进出口公司在合同规定的开证时间内收到进口商英国 MANDARS IMPORTS CO.，LTD. 开立的不可撤销的跟单远期信用证，方达先生依据合同条款对其进行认真的审核，如发现信用证中有不能接受的不符点，必须要求进口商修改信用证。

2. 业务操作资料

信用证

IRREVOCABLE DOCUMENTARY CREDIT

SEQUENCE OF TOTAL	*27:	1/1
FORM OF DOC, CREDIT	*40A:	IRREVOCABLE
DOC. CREDIT NUMBER	*20:	XT 370
DATE OF ISSUE	31C:	100430
DATE AND PLACE OF EXPIRY	*31D:	DATE 070630 IN UK
APPLICANT	*50:	MANDARS IMPORTS CO.，LTD. 38 QUEENSWAY, 2008 UK
ISSUING BANK	52A:	BANK OF LONDON 205 QUEENWAY, LONDON UK
BENEFICIARY	*59:	SHANGHAI YONGSHENG EXP&. IMP CO.， 21 WEST ZHONGSHAN ROAD SHANGHAI CHINA
AMOUNT	*32B:	CURRENCY USD AMOUNT 126000.00
AVAILABLE WITH/BY	*41D:	BANK OF CHINA, SHANGHAI BRANCH

(continued)

DRAFTS AT :..　　　　　　　42C：　DRAFTS AT SIGHT FOR FULL INVOICE COST
DRAWEE　　　　　　　　　42A：　BANK OF LONDON
PARTIAL SHIPMENTS　　　　 43P：　ALLOWED
TRANSSHIPMENT　　　　　　43T：　NOT ALLOWED
PORT OF LOADING/　　　　　44E：　SHANGHAI PORT
FOR TRANSPORTATION TO ...　44B：　LONDON PORT
LATEST DATE OF SHIPMENT　　44C：　100530
DESCRIPT OF GOODS　　　　　45A：　LADIES DENIM SKIRT AS PER S/C NO. XT200711
DOCUMENTS REQUIRED　　　　46A：
+ SIGNED COMMERCIAL INVOICE, 2 ORIGINAL AND 4 COPIES.
+ PACKING LIST, 1 ORIGINAL AND 4 COPIES.
+ CERTIFICATE OF ORIGIN GSP CHINA FORM AAND EEC, ISSUED BY THE CHAMBER OF COMMERCE OR OTHER AUTHORITY DULY ENTITLED FOR THIS PURPOSE.
+FULL SET OF NEGOTIABLE INSURANCE POLICY OR CERTIFICATE BLANK ENDORSED FOR 120 PERCENT OF THE INVOICE VALUE COVERING ALL RISKS & WAR RISK.
+ FULL SET OF B/L CLEAN ON BOARD, MADE OUT TO ORDER OF SHIPPER AND BLANK ENDORSED AND MARKED "FREIGHT PREPAID" AND NOTIFY APPLICANT.
+ QUALITY CERTIFICATE IS TO BE EFFECTED BEFORE SHIPMENT AND IS REQUIRED FROM THE INSPECTING AGENCY DESIGNATED BY THE BUYER.
CHARGES　　　　　　　　　71B：　ALL BANKING CHARGES OUTSIDE UK ARE FOR
　　　　　　　　　　　　　　　　　ACCOUNT OF BENEFICIARY.
PERIOD FOR PRESENTATION　48：　DOCUMENTS MUST BE PRESENTED WITHIN 15
　　　　　　　　　　　　　　　　　DAYS AFTER THE DATE OF SHIPMENT BUT
　　　　　　　　　　　　　　　　　WITHIN THE VALIDITY OF THE CREDIT.

3. 业务操作要求

根据合同条款的内容审核信用证,写出审证结果,并撰写改证函。

(1) 写出审证结果

审证结果

（2）撰写改证函

发 送	保存草稿

收件人：

主　题：

🔗 上传附件 50M - U盘附件

正　文：　**B** ≡ 字体 ▾ 字号 ▾ **A** 🖼 🔗 🐴 ⊞ 信纸 ｜ 🖥 使用明信片 ｜ ❤ 使用魔法情书

综合业务模拟操作

一、实训操作资料

THE SELLERS: GUAGNZHOU TEXTILE IMPORT & EXPORT CORPORATION

        530 BEIJING ROAD GUANGZHOU, CHINA

THE BUYER: OLEARA IMPORT & EXPORT CORPORATION

        310-224 HOLA STREET MARSEILLE FRANCE

NAME OF COMMODITY:

        GENTLE MAN'S SHIRT Art No. 88(BLUE), Art No. 44(BLACK)

QUANTITY: Art No. 88(BLUE) 3000PCS, Art No. 44(BLACK)3000PCS

PACKING: PACKED IN 1 CARTON OF 20 PCS EACH

        G. W.: 20.2 KGS/CTN N. W.: 20 KGS/CTN MEAS: 0.2 M^3/CTN

        PACKED IN ONE 20'CONTAINER(集装箱号: TEXU22636643)

UNIT PRICE: Art No. 88(BLUE) USD 6.50, Art No. 44(BLACK) USD 7.00

        CIF MARSEILLE

PAYMENT: BY L/C AT SIGHT,

        THE BUYER SHALL OPEN THROUGH A BANK ACCEPTABLE
        TO THE SELLERS AN IRREVOCABLE SIGHT LETTER OF
        CREDIT TO REACH THE SELLERS 25 DAYS BEFORE THE DAY
        OF SHIPMENT

SHIPMENT TIME: NOT LATER THAN JULY 31, 2007

LOADING PORT: GUAGNZHOU

DESTINATION: MARSELLE

PARTIAL SHIPMENT: ALLOWED

TRANSHIPMENT: ALLOWED

INSURANCE: FOR 110 PCT OF INVOICE VALUE COVERING ALL RISKS

S/C NO.: ST071032 DATE: JUN. 1, 2007

二、实训操作要求

1. 请你以广州纺织品进出口公司业务员王伟的身份根据上述资料拟订一份销售合同书,要求格式完整、内容正确,并要签署。

广州纺织品进出口贸易公司
GUANGZHOU TEXTILE IMPORT & EXPORT TRADE CORPORATION
530 BEIJING ROAD GUAGNZHOU, CHINA
SALES CONTRACT

TEL: _____

FAX: _____

TO:

INV NO. : _____

DATE: _____

S/C NO. : _____

L/C NO. : _____

FROM _____ TO _____

MARKS & NO.	DESCRIPTIONS OF GOODS	QUANTITY	U/PRICE	AMOUNT

TOTAL AMOUNT:

WE HEREBY CERTIFY THAT THE CONTENTS OF INVOICE HEREIN ARE TRUE AND CORRECT.

2. 请你以广州纺织品进出口公司业务员王伟的身份进行审证，如发现不符点，请详细记录，并拟写改证函。

CITY BANK MARSEILLE BRANCH
1025 WEST GEORGIA STREET, MARSEILLE FRANCE

DATE: 100620

PLACE: MARSEILLE

IRREVOCABLE DOCUMENTARY CREDIT	CREDIT NUMBER: 07/CB4578	ADVISING BANK'SREF. NO.
ADVISING BANK: CITY BANK NANJING BRANCH 23 PUDONG ROAD, NANJING CHINA	APPLICANT: OLEARA TRADING CORPOTION 310 - 224 HOLA STREET MARSEILLE FRANCE	
BENEFICIARY: GUAGNZHOU TEXTILE EXPORT & IMPORT TRADING COPORATION 530 BEIJING ROAD, GUANGZHOU CHINA	AMOUT: USD 4050. 00 (US DOLLARS FOUR THOUSAND AND FIFTY ONLY)	

(continued)

EXPIRY DATE：AUG. 15，2010　　　FOR NEGOCIATION IN APPLICANT'S COUNTRY

GENTLEMEN：

WE HEREBY OPEN OUR IRREVOCABLE LETTER OF CREDIT IN YOUR FAVOR WHICH IS AVAILABLE BY YOUR DRAFTS AT SIGHT FOR FULL INVOICE VALUE ON US ACCOMPANIED BY THE FOLLOWING DOCUMENTS：

＋SIGNED COMMERCIAL INVOICE IN 3 COPIES.

＋EEC.

＋PACKING LIST AND 3 COPIES.

＋ CERTIFICATE OF ORIGIN GSP CHINA FORM A, ISSUED BY THE CHAMBER OF COMMERCE OR OTHER AUTHORITY DULY ENTITLED FOR THIS PURPOSE.

＋ INSURANCE POLICY OR CERTIFICATE FOR 130％ OF INVOICE VALUE COVERING： INSTITUTE CARGO CLAUSES (A) AS PER I. C. C. DATED JAN. 1, 1981.

＋FULL SET OF CLEAN ON BOARD OCEAN BILL OF LADING SHOWING FREIGHT PREPAID CONSIGNED TO ORDER OF THE SHIPPING INDICATING "FREIGHT PREPAID" NOTIFY APPLICANT.

COVERING THE SHIPPMENT OF：ART NO. 88 3000PCS ART NO. 44 3000SPCS

TWO　ITEMS OFGENTLEMAN'S SHIRT　INCLUDING：

（　）FOB/（×）CFR/（　）/CIF/LONGBEACH

SHIPPMENT FROM GUANGZHOU	TO MARSEILLE	LATEST 20070731	PARTIAL SHIPPMENT YES	TRANSSHIPMENT NO

DRAFT TO BE PRESENTED FOR NEGOCIATION WITHIN 15 DAYS AFTER SHIPMENT，BUT WITHIN THE VALIDITY FOR CREDIT.

THE CREDIT IS SUBJECT TO UCP600.

改证函

项目三

出口合同履行——备货

实训要求

- 了解加工合同书签订的程序。
- 熟悉生产加工企业选择的主要方法及要求。
- 掌握原材料采购的要求。
- 掌握采购合同签订的程序。

业务操作背景

南京进出口公司没有自己的生产实体,在收到信用证改证书经审核无误后,必须寻找合适的加工生产企业履行交货义务。与此同时,还要根据 JIM KING IMPORT & EXPORT CORPORATION 提供的样品选择合适的原材料供应商。

工作任务一　签订加工合同书

一、实训操作指南

1. 操作流程

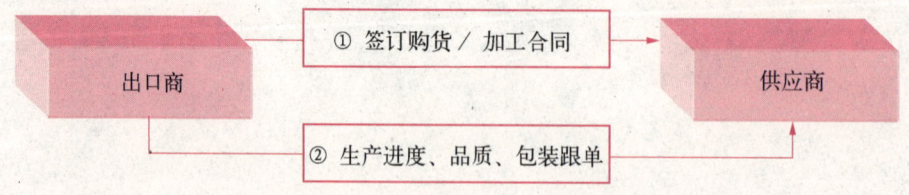

评析

- 选择供应商通常采用对比的方法确认其中交货时间、生产规模最合适的一家。
- 出口商必须对供应商进行跟单,保证出口货物的品质和生产进度。

2. 操作要点

（1）选择加工生产企业

选择加工生产企业有下列四种主要方法：

一是"望"。通过"望"可掌握生产企业的基本信息。比如，核查生产企业法人登记注册事项。任何个人或组织都能到当地工商注册管理部门查询企业法人登记注册情况，包括企业法人和法定代表人姓名、经济性质、经营范围和方式、注册资本、成立时间、营业期限、经营场所等内容，这样可获得较为全面、真实的情况。通过"望"还可确认生产企业的产能。业务员可实地考察生产企业的规模、生产企业的机器设备、工厂的管理、厂房的面积及安全情况等是否达到出口商品的生产能力，是否符合外国客商的评估要求。

二是"闻"。这主要是从各个方面听取有关生产企业的经营管理状况、产品信息的反馈、基本员工的素质和企业文化的层面等信息。业务员在"望"的基础上，通过对"闻"到的信息进行深入的分析，可以对生产企业有较正确的认识。

三是"问"。询问的对象可以是生产企业的业务员、管理人员、生产员工，也可以是企业管理的高层或其他相关部门。"问"需要有技巧，"问"的内容应为有关产能、品质和交货期等主要问题。

四是"切"。这是在"望"、"闻"、"问"的基础上作一个正确的判断，如确认生产企业的营业执照和实地考察，可测算生产企业实际生产能力，这对外贸公司保证按时、按质交货，显得尤为重要。

（2）签订加工合同的程序

加工合同书没有统一规定的形式，有些常用条款内容会事先规定并印制好。加工合同书一式两份，通常由供应商根据协商达成的条件填入相关条款内，并经委托方确认后由双方签章。加工合同书由双方当事人各自留下一份作为履行合同的依据。

3. 操作实例

南京进出口公司徐永发先生在收到通知行寄送的信用证改证书后，开始寻找合适的加工生产企业。通过对多家电动工具公司的生产规模、生产能力和企业管理现状的调查，最终选择了南京电动工具公司作为电动钻头的加工企业，并与其签订加工合同。

加 工 合 同 书

编号：TXT888

甲方：南京电动工具公司　　　　　　　　　　乙方：南京进出口公司
地址：南京市人民路 11 号　　　　　　　　　　地址：南京市中山路 1321 号
电话：025 - 88364200　　　　　　　　　　　电话：025 - 23501111

双方为开展来料加工业务，经友好协商，特订立本合同。

第一条　加工内容

乙方向甲方提供加工电动钻头 1 800 只 No. TY242 所需的原材料，甲方将乙方提供的原材料加工成产品后交付乙方。

第二条　交货

乙方在2010 年4 月15 日向甲方提供180 米原材料，并负责运至南京车站交付甲方；甲方在5 月26

（续上）

日前将加工后的成品1 800只负责运至南京港口交付乙方。

第三条　来料数量与质量

乙方提供的原材料须含2%的备损率，并符合工艺单的规格标准。如乙方未能按时、按质、按量提供给甲方应交付的原材料，甲方除对无法履行本合同不负责任外，还可向乙方索取停工待料的损失。

第四条　加工数量与质量

甲方如未能按时、按质、按量交付加工产品，应赔偿乙方所受的损失。

第五条　加工费与付款方式

甲方为乙方进行加工的费用，每条人民币1元。甲方收到货物后10天内向乙方支付全部加工费。

第六条　运输

乙方将成品运交甲方指定的地点，运费由乙方负责。

第七条　不可抗力

由于战争和严重的自然灾害以及双方同意的其他不可抗力引起的事故，致使一方不能履约时，该方应尽快将事故通知对方，并与对方协商延长履行合同的期限。由此而引起的损失，对方不得提出赔偿要求。

第八条　仲裁

本合同在执行期间，如发生争议，双方应本着友好方式协商解决。如未能协商解决，应提请中国上海仲裁机构进行仲裁。

第九条　合同有效期

本合同自签字日起生效。本合同正本一式2份，甲乙双方各执一份。

本合同如有未尽事宜，或遇特殊情况需要补充、变更内容，须经双方协商一致。

甲方：（盖章） 南京电动工具公司 合同专用章	乙方：（盖章） 南京进出口公司 合同专用章
代理人：王达	委托代理人：徐永发
日期：2010年3月25日	日期：2010年3月25日

二、实训操作

1. 业务操作背景

上海永胜进出口公司没有自己的生产实体，在收到信用证改证书经审核无误后，必须寻找合适的加工生产企业履行交货义务。为此，方达先生通过对多家服装企业的生产规模和生产能力的调查，选择了南通服装厂作为弹力牛仔女裙出口货物的加工企业，并与其签订加工合同。

2. 业务操作资料

合同号：T-10218

交货期：面辅料22 032米于2010年4月15日在南通车站交付

　　　　18 000条成品于5月26日在吴淞港口交付

备损率：2%

加工费：每条人民币15元

3. 业务操作要求

根据有关信息拟订加工合同。

加 工 合 同

编号：

甲方：南通服装厂   乙方：上海永胜进出口公司

地址：南通市人民路 11 号   地址：中国上海市中山西路 21 号

电话：0513－8836420   电话：（021）64500003

双方为开展来料加工业务，经友好协商，特订立本合同。

第一条 加工内容

乙方向甲方提供加工_____所需的面辅料，甲方将乙方提供的面辅料加工成产品后交付乙方。

第二条 交货

乙方在____年___月___日向甲方提供_____面辅料，并负责运至____车站交付甲方；甲方在___月___日前将加工后的成品_____负责运至_____港口交付乙方。

第三条 来料数量与质量

乙方提供的面辅料须含___％的备损率，并符合工艺单的规格标准。如乙方未能按时、按质、按量提供给甲方应交付的面辅料，甲方除对无法履行本合同不负责任外，还可向乙方索取停工待料的损失。

第四条 加工数量与质量

甲方如未能按时、按质、按量交付加工产品，应赔偿乙方所受的损失。

第五条 加工费与付款方式

甲方为乙方进行加工的费用，每条人民币_____元。甲方收到货物后 10 天内向乙方支付全部加工费。

第六条 运输

乙方将成品运交甲方指定的地点，运费由乙方负责。

第七条 不可抗力

由于战争和严重的自然灾害以及双方同意的其他不可抗力引起的事故，致使一方不能履约时，该方应尽快将事故通知对方，并与对方协商延长履行合同的期限。由此而引起的损失，对方不得提出赔偿要求。

第八条 仲裁

本合同在执行期间，如发生争议，双方应木着友好方式协商解决。如未能协商解决，应提请中国上海仲裁机构进行仲裁。

第九条 合同有效期

本合同自签字日起生效。本合同正本一式 2 份，甲乙双方各执一份。

本合同如有未尽事宜，或遇特殊情况需要补充、变更内容，须经双方协商一致。

甲方：（盖章）   乙方：（盖章）

委托代理人：   委托代理人：

日期：   日期：

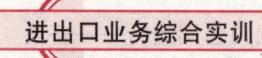

工作任务二　签订采购合同

一、实训操作指南

1. 操作流程

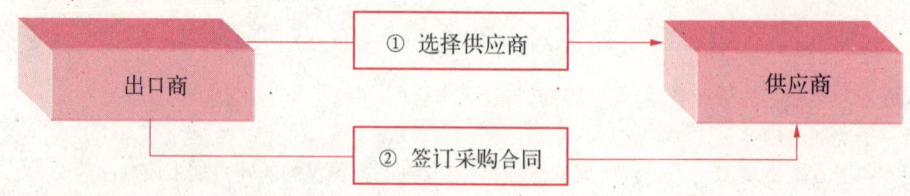

评析

- 选择供应商通常采用对比的方法。
- 采购的原材料必须符合订单的要求。

2. 操作要点

（1）采购原材料的要求

原材料采购的要求如下：

一是交货时间合理。交货时间合理是指所订购的原材料应在规定的时间内获得有效的供应。因为原材料的交货时间将直接影响生产的进程和经营成本，如迟于生产的需求，会产生"停工待料"的现象，而过早会造成库存过多，积压订购资金，增加企业的经营成本。

二是交货质量合理。供应商提供的原材料品质必须满足出口货物加工的要求，如原材料质量过低将直接影响产品的品质，而质量过高而会引起采购成本的增加，缩小利润空间。

三是交货地点合理。合理的交货地点是指可以减少企业的运输与装卸作业，一般为港口、物流中心、企业的仓库等。否则，会增加运输、装卸和保管等方面的成本，也不利于加工企业的生产管理。

四是交货数量合理。合理的交货数量是指每次提供的原料正好满足企业生产的需求，不产生库存，达到最佳的经济效果。这就需要业务员在原材料生产企业与加工单位之间进行有效的协调，加强沟通，及时排除不利因素。

五是交货价格合理。合理的原材料价格应与其品质、交货时间和付款方式等条件相符。要获得合理的交货价格，可以通过询价表对多家公司进行询价，再"货比三家"，并对选中的原材料供应商进行"杀价"，挤出"水分"，然后定价。

（2）签订采购合同的程序

采购合同没有统一规定的形式，有些常用条款内容都事先规定并印制好。采购合同一式两份，通常由供应商根据交易达成的条件填入相关条款内，并经双方确认后签章。采购合同由双方当事人各自留下一份作为履行合同的依据。

3. 操作实例

加工合同签订后,南京进出口公司徐永发先生通过对原材料市场的调查,按照客户规定的原材料等质量标准,选择合适的原材料供应商,保证加工生产的供给,确保出口产品按时按质顺利完成。南京进出口公司经过对多家供应商的原材料(钢条)的价格、品质等方面的分析,决定与上海金属公司签订采购合同,作为电动钻头钢条的供应商。

南京进出口公司
地址:南京市中山路 1321 号

采 购 合 同

编号:SH0731
日期:2010. 3. 26

供应商:上海金属公司
　　　　上海市友谊路 345 号
请供应以下产品。

型号	品名、规格	单位	数量	单价	金额	备注
5	钢条	米	18	200 元	3 600 元	
合计	叁仟陆佰元整					

1. 交货日期:2010 年 4 月 12 日以前一次交清。
2. 交货地点:南京车站。
3. 包装条件:卷筒包装。
4. 付款方式:交货后 1 个月凭增值税专用发票付款。
5. 不合格产品处理:另议。
6. 如因交货误期、规格不符、质量不符合要求造成本公司的损失,卖方负责赔偿。
7. 如卖方未能按期交货,必须赔偿本公司因此蒙受的一切损失。
8. 其他:

　　　南京进出口公司
　　　合同专用章

　　　上海金属公司
　　　合同专用章

采购单位:(盖章)徐永发　　　　　　供应商:(盖章)英映

二、实训操作

1. 业务操作背景

加工合同签订后,上海永胜进出口公司方达先生通过对面辅料市场的调查,按照客户规定的面辅料标准,选择合适的面辅料供应商,保证加工生产的供给,确保出口产品按时按质顺利完成。上海永胜进出口公司经过对多家供应商的面辅料的价格、品质等方面的分析,决定选择江苏南通纺织厂作为全棉弹力牛仔面辅料的供应商,并与其签订采购合同。

2. 业务操作资料

编　　号：SH0731

供 应 商：江苏南通纺织厂

型　　号：HS32-5

品　　名：全棉弹力牛仔布

数　　量：22 032 米

单　　价：17 元/米

交货日期：2010 年 4 月 12 日前一次交清。

交货地点：南通车站

包装方式：卷筒包装

付款方式：交货后 1 个月凭增值税专用发票付款

不合格产品处理：另议

3. 业务操作要求

根据有关信息拟订采购合同。

上海永胜进出口公司
采 购 合 同

供应商：　　　　　　　　　　　　　　　　　　　　　　　编号：＿＿＿＿＿＿

　　　　　　　　　　　　　　　　　　　　　　　　　　　日期：＿＿＿＿＿＿

请供应以下产品。

型号	品名、规格	单位	数量	单价	金额	备注
合计						

1. 交货日期：
2. 交货地点：
3. 包装条件：
4. 付款方式：
5. 不合格产品处理：
6. 如因交货误期、规格不符、质量不符合要求造成本公司的损失，卖方负责赔偿。
7. 如卖方未能按期交货，必须赔偿本公司因此蒙受的一切损失。
8. 其他：

采购单位：（盖章）　　　　　　　　　　　　　　供应商：（盖章）

综合业务模拟操作

一、实训操作资料

甲　　方：广州纺织品进出口公司

广州北京路 530 号

TEL：(020)64043030　FAX：(020)64043031

乙　　方：广州宏光服装厂(委托代理人夏力)

广州市风林路 19 号(TEL：020-56788888)

加工合同号：GH07999

合同日期：2010 年 6 月 10 日

加工货名：男式衬衫 Art No. 88(蓝色)，Art No. 44(黑色)

加工数量：Art No. 88(蓝色)3 000 PCS，Art No. 44 (黑色)3 000 PCS

包　　装：每 20 件装一只纸箱(G. W. 为 20.2 KGS/CTN, N. W. ：为 20 KGS/CTN, MEA 为 0.2 M³/CTN)，计装入一只 20 英尺集装箱(集装箱号：TEXU22636643)

加 工 费：每套 20 元，乙方结汇后 45 天向甲方支付全部加工费

单　　耗：每条 1.2 米，备损率为 2%

原料交付日期：甲方在 2010 年 6 月 30 日前向乙方提供原料，并负责运至广州车站交付

产品交付日期：2010 年 7 月 24 日前将加工后的成品 6 000 件运至广州港口指定仓库

原料货名：色织棉布

单　　价：20 元/米

交货日期：2010 年 6 月 28 日

交货地点：广州车站

包装条件：卷筒包装

付款方式：交货后 1 个月凭增值税专用发票付款

不合格产品处理：另议

二、实训操作要求

1. 请你以广州纺织品进出口公司业务员王伟的身份，根据上述资料、销售合同书和信用证的有关内容拟订一份加工合同书，要求内容正确，并要签署。

加 工 合 同

编号：

甲方：   乙方：

地址：   地址：

电话：   电话：

双方为开展来料加工业务，经友好协商，特订立本合同。

第一条　加工内容

乙方向甲方提供加工_____所需的原材料，甲方将乙方提供的原材料加工成产品后交付乙方。

第二条　交货

乙方在_____年___月___日向甲方提供_____原材料，并负责运至____车站交付甲方；甲方在_____年___月___日前将加工后的成品_____负责运至_____港口交付乙方。

第三条　来料数量与质量

乙方提供的原材料须含____％的备损率，并符合工艺单的规格标准。如乙方未能按时、按质、按量提供给甲方应交付的原材料，甲方除对无法履行本合同不负责任外，还可向乙方索取停工待料的损失。

第四条　加工数量与质量

甲方如未能按时、按质、按量交付加工产品，应赔偿乙方所受的损失。

第五条　加工费与付款方式

甲方为乙方进行加工的费用，每条人民币_____元。乙方结汇后45天向甲方支付全部加工费。

第六条　运输

乙方将成品运交甲方指定的地点，运费由乙方负责。

第七条　不可抗力

由于战争和严重的自然灾害以及双方同意的其他不可抗力引起的事故，致使一方不能履约时，该方应尽快将事故通知对方，并与对方协商延长履行合同的期限。由此而引起的损失，对方不得提出赔偿要求。

第八条　仲裁

本合同在执行期间，如发生争议，双方应本着友好方式协商解决。如未能协商解决，应提请中国上海仲裁机构进行仲裁。

第九条　合同有效期

本合同自签字日起生效。本合同正本一式2份，甲乙双方各执一份。

本合同如有未尽事宜，或遇特殊情况需要补充、变更内容，须经双方协商一致。

甲方：（盖章）   乙方：（盖章）

委托代理人：   委托代理人：

日期：   日期：

2. 广州纺织品进出口公司签订好加工贸易后,随即与面料供应商广州纺织厂(代理人马民)签订采购合同(编号为 GZ070612、日期为 2010 年 6 月 12 日)。请你以广州纺织品进出口贸易公司业务员王伟的身份,根据上述资料、销售合同书和信用证的有关内容拟订一份原材料采购合同,要求内容正确,并要签署。

广州纺织品进出口公司
广州北京路 530 号

TEL:(020)64043030
FAX:(020)64043031

编号:

采 购 合 同

供应商:_____
请供应以下产品。

型号	品名、规格	单位	数量	单价	金额	备注

合计	万	仟	佰	拾	元	角	分	

1. 交货日期:□　　年　　月　　日以前一次交清。
　　　　　　□ 分批交货,交货时间_____　数量要求:_____
2. 交货地点:_____
3. 包装条件:_____
4. 付款方式:_____
5. 不合格产品处理:_____
6. 如因交货误期、规格不符、质量不符合要求造成本公司的损失,卖方负责赔偿。
7. 如卖方未能按期交货,必须赔偿本公司因此蒙受的一切损失。
8. 其他:_____

采购单位:(盖章)　　　　　　　　　　供应商:(盖章)

日期:　　　　　　　　　　　　　　　　日期:

项目四

出口合同履行——办理订舱、产地证

实训要求

- 了解出口订舱的程序及内容。
- 熟悉原产地证书申请签发的程序及内容。
- 掌握装箱单、货运委托书的缮制方法。
- 掌握发票、原产地证书申请书、原产地证书的缮制方法。

业务操作背景

在 CIF 条件下，由卖方办理货运手续。南京进出口公司在备货的同时，为了按时履行合同的交货义务，应及时缮制装箱单和订舱委托书，并随附相关单据委托货运代理公司办理订舱手续。如果进口商需要提供普惠制原产地证书，则在装运前 5 日向南京出入境检验检疫局办理申请签发手续，提供已缮制的发票、普惠制原产地证书申请书、普惠制原产地证书。

工作任务一 办理订舱手续

一、实训操作指南

1. 操作流程

评析

- 出口商缮制商业发票、装箱单和订舱委托书，委托货代公司向船务公司办理订舱手续。
- 货代公司接收托运业务后缮制托运单向船务公司代办订舱。
- 船务公司进行舱位登记，向货代公司签发配舱回单。
- 货代公司将订舱信息告知出口商，通知其装箱时间。

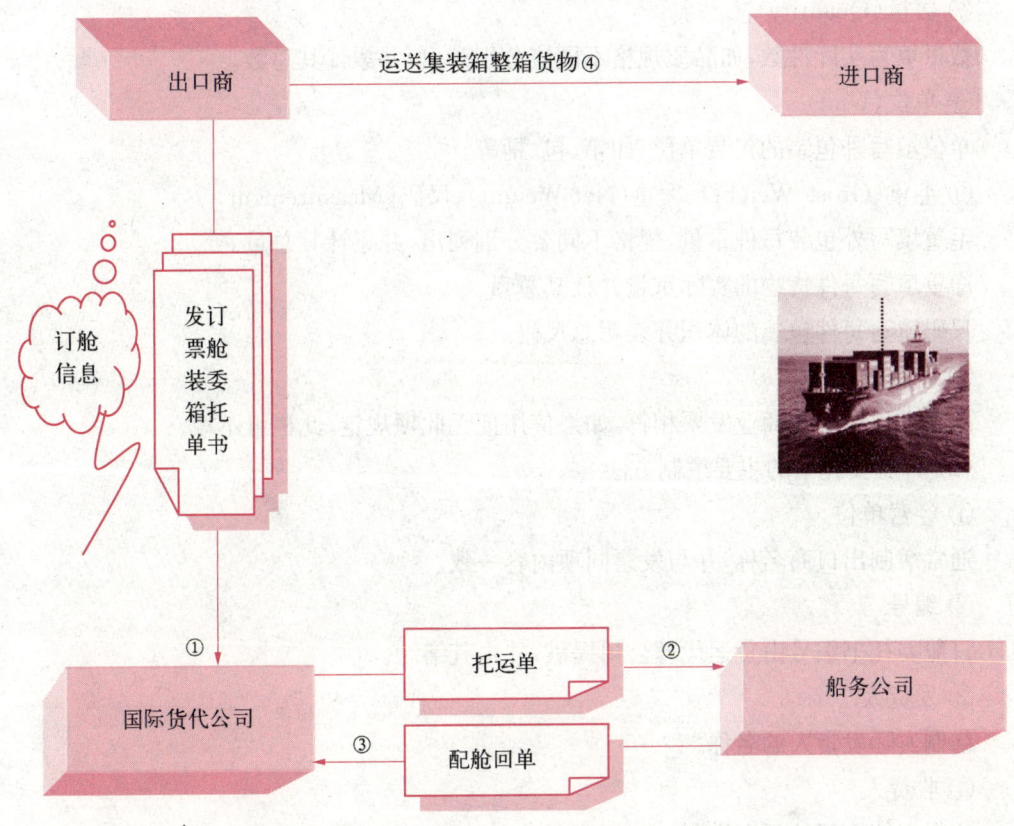

2. 操作要点

(1) 装箱单的缮制方法

① 出口企业名称和地址(Exporter's Name and Address)

出口企业的名称、地址应与发票同项内容一致,缮制方法相同。

② 单据名称(Name of Document)

单据名称通常用英文粗体标出,并与信用证的要求一致。

③ 装箱单编号(NO.)

装箱单编号一般填发票号码,也可填合同号。

④ 出单日期(Date)

出单日期填发票签发日,不得早于发票日期,但可晚于发票日期1~2天。

⑤ 唛头(Shipping Mark)

唛头制作要符合信用证的规定,并与发票的唛头相一致。

⑥ 品名和规格(Name of Commodity and Specifications)

品名和规格必须与信用证的描述相符。

⑦ 数量(Quantity)

数量填写实际件数,如品质规格不同应分别列出,并累计其总数。

⑧ 单位(Unit)

单位填写外包装的包装单位,如箱、包、桶等。

⑨ 毛重(Gross Weight)、净重(Net Weight)、尺码(Measurement)

毛重填写外包装每件重量,规格不同要分别列出,并累计其总量。

净重填写每件货物的实际重量并计其总量。

尺码填写每件包装的体积并表明总尺码。

⑩ 签章(Signature)

出单人签章应与商业发票相符,如果信用证无此项规定,此栏可不填。

(2) 订舱委托书的主要缮制方法

① 经营单位

通常缮制出口商名称,并与发票同项内容一致。

② 编号

订舱委托书编号由货运代理公司提供,并由其缮制。

③ 发货人

缮制实际发货人的名称。

④ 收货人

应根据信用证的规定缮制。

⑤ 通知人

通常缮制进口商名称,并注明地址和通讯号码。

⑥ 海洋运费

CIF 和 CFR 选择预付,FOB 选择到付。

⑦ 毛重

缮制本批货物总的毛重数量。

⑧ 尺码

缮制本批货物总的体积数。

3. 操作实例

南京进出口公司要在合同规定的装运期内交货,及时向中胜国际货运代理公司办理出口货物托运订舱手续,为此,徐永发先生缮制装箱单,填写货运委托书。中胜国际货运代理公司填制集装箱货物托运单向船公司中国对外贸易运输总公司订舱,当获取中国对外贸易运输总公司签发的配舱回单后,通知托运人在规定的时间内向指定的仓库发货,等候检验检疫和海关查验。

（1）徐永发先生缮制装箱单

南京进出口公司
NANJING IMPORT & EXPORT CORP.
1321 ZHONGSHAN ROAD NANJING, CHINA
PACKING LIST

TEL：025－23501111
FAX：025－23502222

INV NO.：TX 370
DATE：MAY 20,2010
S/C NO.：TXT200710

TO：JIM KING IMPORT & EXPORT CORP.
38 QUEENSWAY,2008 U K

MARKS & NOS.
JIM
TXT200710
SINGAPORE
C/NO.：1－180

GOODS DESCRIPTION & PACKING	QTY (PCS)	CTNS	G. W (KGS)	N. W (KGS)	MEAS (M³)
ELECTRIC DRILLS PACKING： PACKED IN ONE CARTON OF 10 PCS EACH	1 800	180	450	350	26.7
TOTAL	1 800	180	450	350	26.7

SAY TOTAL ONE HUNDRED AND EIGHTY CARTONS ONLY

NANJING IMPORT & EXPORT CORP.

XUYONGFA

（2）徐永发先生填制货运委托书

中胜海运货运委托书

经营单位 （托运人）	南京进出口公司	中 胜 编 号	JY037001

提 单 B/L 项 目 要 求	发货人：南京进出口公司 Shipper：
	收货人：TO ORDER OF SHIPPER Consignee：
	通知人：JIM KING IMPORT & EXPORT CORP. Notify Party：NO. 206 CHANGJ NORTH STREET SINGAPORE

海洋运费(√) Sea Freight	预付(√) 或到付( ) Prepaid or Collect	提单 份数	3	提单寄送 地 址	南京中山路 1321 号

启运港	NANJING	目的港	SINGAPORE	可否转船	允许	可否分批	允许

（续上）

集装箱预配数		20′×1 40′×		装运期限	2010 年 5 月 30 日	有效期限	2010 年 5 月 30 日
标记唛码	包装件数	中英文货号 Description of Goods		毛 重（千克）	尺 码（立方米）	成 交 条 件（总 价）	
JIM TXT200710 SINGAPORE C/NO.：1－180	180 箱	电动钻头 ELECTRIC DRILL		450	26.7	USD 7 200.00	
内装箱（CFS）地址		南京逸仙路 2960 号三号门 电话：6820682×215		特种货物 □ 冷藏货 □ 危险品	重 件：每件重量		
					大 件（长×宽×高）		
				特种集装箱：（ ）			
门对门装箱地址		南京市中山路 1321 号		物资备妥日期	2010 年 5 月 20 日		
外币结算账号		THY6684321337		物资进栈：自送(√)或金发派送( )			
声明事项				人民币结算单位账号 SZR80066686			
				托运人签章	南京进出口公司 NANJING IMPORT & EXPORT CORP.		
				电 话	025－23501111		
				传 真	025－23502222		
				联系人	徐永发		
				地 址	南京市中山路 1321 号		
				制单日期：2010 年 5 月 20 日			

（3）金发货运公司填制集装箱货物托运单

Shipper（发货人） NANJING IMPORT & EXPORT CORP. 1321 ZHONGSHAN ROAD NANJING CHINA	委托号：TX0222 Forwarding agents： B/L No.	
Consignee（收货人） TO ORDER OF SHIPPER	中国对外贸易运输总公司 集装箱货物托运单 船代留底	第 二 联
Notify Party（通知人） JIM KING IMPORT & EXPORT CORP. NO. 206 CHANGJ NORTH STREET SINGAPORE		
Pre-carriage by（前程运输） Place of Receipt（收货地点）		

（续上）

Ocean Vessel（船名）		Voy. No.（航次）	Port of Loading（装货港） NANJING		Date（日期）

Port of Discharge（卸货港） SINGAPORE	Place of Delivery（交货地点） SINGAPORE	Final Destination for the Merchant's Reference（目的地）

Container No.（集装箱号）	Seal No.（封志号） Marks & Nos.（标记与号码） JIM TXT200710 SINGAPORE C/NO.：1－180	No. of containers or P'kgs（箱数与件数） 180 CARTONS	Kind of Packing; Description of Goods（包装种类与货名） ELECTRIC DRILL	Gross Weight（毛重） 450 KGS	Measurement 尺码（m³） 26.7

Total Number of Container or Package（in words） 集装箱数或件数合计（大写）	SAY TOTAL ONE HUNDRED AND EIGHTY CARTONS ONLY

Contain No.（箱号）Seal No.（封志号）P'kgs（件号） 180 CARTON	Contain No.（箱号）Seal No.（封志号）P'kgs（件号）

Received（实收）	By Terminal Clerk/Tally Clerk（场站员/理货员签字）

Freight & Charges	Prepaid at（预付地点）	Payable at（到付地点）	Place of Issue（签发地点）	Booking Approved by（定舱确认）
	Total Prepaid（预付总额）	No. of Original B(s)/L（正本提单的份数）	货值金额	

Service Type on Receiving ☑ ... CY ☐ ... CFS ☐ ... DOOR	Service Type on Delivery ☑ ... CY ☐ ... CFS ☐ ... DOOR	Reefer Temperature Required（冷藏温度）	℉	℃

Type of Goods（种类）	☑ Ordinary（普通）　☐ Reefer（冷藏）　☐ Dangerous（危险）　☐ Auto（裸装车辆）	危险品	Class： Property
	☐ Liquid（液体）　☐ Live Animal（活动物）　☐ Bulk（散装）		IMDG code Page UN No.

发货人或代理地址：1321 ZHONGSHAN ROAD NANJING, CHINA　　联系人：徐永发　　电话：025－23501111

可否转船　Y	可否分批　Y	装期　MAY 30, 2010	备注	集装场站名称
有效期：MAY 30, 2010		制单日期 MAY 21, 2010		

海运费由　南京进出口公司　　支付
如预付运费托收承付,请填准银行账号 THY6684321337

（4）中国对外贸易运输总公司签发配舱回单

Shipper（发货人） NANJING IMPORT & EXPORT CORP. 1321 ZHONGSHAN ROAD NANJING，CHINA	D/R No.（编号） HJSHBI 1520876	
Consignee（收货人） TO ORDER OF SHIPPER	**中国对外贸易运输总公司**	
Notify Party（通知人） JIM KING IMPORT & EXPORT CORP. NO. 206 CHANGJ NORTH STREET SINGAPORE	配舱回单（1）	第 八 联

Pre-carriage by（前程运输）	Place of Receipt（收货地点）

Ocean Vessel（船名） Voy. No.（航次） DONGFANGV. 190	Port of Loading（装货港） NANJING

Port of Discharge（卸货港） SINGAPORE	Place of Delivery（交货地点）	Final Destination for the Merchant's Reference（目的地）

Container No. （集装箱号） GANE 100067	Seal No. （封志号） Marks & Nos. （标记与号码） JIM TXT 200710 SINGAPORE C/NO.：1～180	No. of containers or p'kgs. （箱数或件数） 180 CARTONS	King of Package：Description of Goods （包装种类与货名） ELECTRIC DRILL	Gross Weight 毛重(千克) 450 KGS	Measurement 尺码(立方米) 26.7

Total Number of Containers or Packages (in Words) 集装箱数或件数合计(大写)	SAY TOTAL ONE HUNDRED AND EIGHTY CARTONS ONLY

Freight & Charges （运费与附加费）	Revenue Tons （运费吨）	Rate（运费率）	Per（每）	Prepaid（运费预付） PREPAID	Collect（到付）

EX. Rate（兑换率）	Prepaid at（预付地点） NANJING	Payable at（到付地点）	Place of Issue（签发地点） NANJING
	Total Prepaid（预付总额） USD 600.00	No. of Original B(s)/L （正本提单份数） THREE	

Service Type on Receiving ☑... CY □... CFS □... DOOR	Service Type on Delivery ☑... CY □... CFS □... DOOR	Reefer Temperature Required （冷藏温度）	℉	℃

（续上）

TYPE OF GOODS（种类）	☑ Ordinary（普通）	☐ Reefer（冷藏）	☐ Dangerous（危险）	☐ Auto（裸装车辆）	危险品	Class： Property： IMDG Code Page： UN No.：
	☐ Liquid（液体）	☐ Live Animal（活动物）	☐ Bulk（散货）	☐		

可否转船：Y　　　　可否分批：Y	
装　　期：MAY 30，2010　　效　　期：MAY 30，2010	
金　　额：USD 800.00	
制单日期：MAY 22，2010	

二、实训操作

1. 业务操作背景

上海永胜进出口公司要在合同规定的装运期内交货，及时向金友国际货运代理公司办理出口货物托运订舱手续，为此，方达先生缮制装箱单，填写货运委托书。金友国际货运代理公司填制集装箱货物托运单向船公司中国对外贸易运输总公司订舱，当获取中国对外贸易运输总公司签发的配舱回单后，通知托运人在规定的时间内向指定的仓库发货，等候检验检疫和海关查验。

2. 业务操作资料

合　同　号：TXT 200710

信用证号：XT 370

发票号码：TX 370

买　　　方：MANDARS IMPORTS CO.，LTD.（地址 38 QUEENSWAY，2008UK）

装　运　地：上海港（SHANGHAI RPORT）

目　的　地：伦敦（LONDON PORT）

货　　　名：全棉弹力牛仔女裙（LADIES DENIM SKIRT）

数　　　量：18 000 件

包　　　装：每条装入一胶袋，18 条不同尺码与颜色装入一出口纸箱（EACH PIECE IN A POLYBAG，18 PIECES INTO AN EXPORT CARTON，WITH ASSORTED SIZES AND COLORS），2 个 40 英尺高箱

重量体积：毛重为 5 千克/箱、净重为 4 千克/箱、尺码为 0.1 m³/箱

金友编号：JY 037001

提单份数：3 份（提单寄送地址为上海中山西路 21 号）

物资进栈：派送

人民币账号：SZR 80066686

外民币账号：THY 6684321337

转船、分批：允许

出运日期：2010 年 5 月 30 日

3. 业务操作要求

根据有关信息正确缮制装箱单、货运委托书。

上海永胜进出口公司
SHANGHAI YONGSHENG IMP & EXP CO.,
21 WEST ZHONGSHAN ROAD SHANGHAI, CHINA
PACKING LIST

TEL: 021 - 65788877

FAX: 021 - 65788876

INV NO.: _____

DATE: _____

S/C NO.: _____

MARKS & NOS

TO:

GOODS DESCRIPTION & PACKING	QTY (PCS)	CTNS	G. W. (KGS)	N. W. (KGS)	MEAS (M³)
TOTAL					

金友海运货运委托书

经营单位 （托运人）						金　友 编　号		
提单 B/L 项目 要求	发货人： Shipper：							
	收货人： Consignee：							
	通知人： Notify Party：							
海洋运费（√） Sea Freight	预付（　）或（　）到付 Prepaid　or　Collect		提单 份数			提单寄送 地　址		
启运港	SHANGHAI	目的港			可否转船		可否分批	
集装箱预配数		20′×　　　40′×			装运期限		有效期限	
标记唛码	包装 件数	中英文货号 Description of Goods		毛　重 （千克）	尺　码 （立方米）	成 交 条 件 （总　价）		
内装箱（CFS） 地址	上海逸仙路 2960 号三号门 电话：6820682×215			特种货物 □ 冷藏货 □ 危险品	重 件：每件重量			
					大　　件 （长×宽×高）			
门对门装箱地址	上海市中山西路 21 号			特种集装箱：（　　　　　）				
				物资备妥日期				
外币结算账号				物资进栈：自送（　）或金发派送（　）				
声明事项				人民币结算单位账号				
				托运人签章				
				电　话				
				传　真				
				联系人				
				地　址				
				制单日期：				

工作任务二　申请签发普惠制原产地证书

一、实训操作指南

1. 操作流程

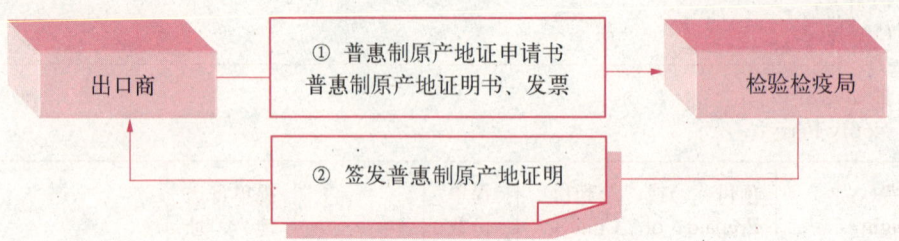

评析
- 凡申请办理普惠制原产地证明书的单位,必须持有关批件、营业执照、协议等文件在当地检验检疫机构办理注册登记手续。
- 出口商最迟在货物装运前 5 天向当地出入境检验检疫局申请签发。

2. 操作要点

(1) 普惠制原产地证书注册登记的程序

一是申请单位领取注册登记表。申请单位向当地出入境检验检疫机构领取"企业申请签发普惠制原产地证明书(FORM A)注册登记表"。

二是申请单位提交材料。申请单位将填制的"企业申请签发普惠制原产地证明书(FORM A)注册登记表"呈交出入境检验检疫机构,并随附政府主管部门授予企业进出口经营权的文件、企业营业执照与组织机构代码副本、产地证手签人员授权书,如含有进口成分的商品,还须提交"产品成本明细单"等。

三是出入境检验检疫机构核查。出入境检验检疫机构对申请单位提交的表格和资料进行严格审查,并派员深入调查。

四是缴费领证。经审查合格的准予注册,给予注册编号,缴纳注册费,颁发"普惠制原产地证明书注册登记证"。

(2) 申请签发普惠制原产地证书的要求

一是申请签发普惠制原产地证书的人员必须经培训考核,并持有相关岗位证书。

二是申请单位提交材料,主要包括已缮制的发票、普惠制产地证书申请书、普惠制产地证书。

(3) 商业发票的缮制方法

① 发票编号(No.)

发票编号由出口公司根据本公司的实际情况自行编制,是全套结汇单据的中心编号。

② 发票日期(Date)

发票日期应晚于合同和信用证的签发日期,在结汇单据中是最早签发的单据。

③ 信用证编号(L/C No.)

信用证项下的发票必须填入信用证号码,其他支付方式可不填。

④ 合同编号(Contract No.)

合同编号应与信用证列明的一致,信用证未规定合同编号,可不填。其他支付方式下,也必须填入。

⑤ 收货人(Messrs)

信用证方式下须按信用证规定填制,一般是开证申请人。托收方式下,通常是买方。两者填写时,名称地址不应同行放置,应分行表明。

⑥ 航线(from ... to ...)

填写货物实际的启运港(地)、目的港(地),如货物需经转运,应把转运港(地)的名称表示出来。

例如:

From Shanghai to SINGAPORE W/T Rotterdam.

From Guangzhou to Piraeus W/T Hongkong by steamer.

如货物运至目的港后再转运内陆城市,可在目的港下方填"in transit to ... to ..."或"in transit"字样。

⑦ 唛头及件号(Marks and Number)

发票唛头应按信用证或合同规定的填制,其他单据的唛头应与其一致。如未作具体的规定,则填写 N/M。

⑧ 货物描述(Description of Goods)

货物描述一般包括品名、品质、数量、包装等内容。信用证方式下必须与信用证的描述一致,省略或增加货名的任何字或句,都会造成单证不符。如为其他支付方式,应与合同规定的内容相符。

⑨ 单价(Unit Price)

完整的单价应包括计价货币、单位价格、计量单位和贸易术语四部分内容。

例如:

USD 100 Per DOZ CIF SINGAPORE.

相关链接

优惠原产地证明书的种类

出入境检验检疫局签发的优惠原产地证明书主要有以下七种:

（续上）

1. 普惠制原产地证明书（FORM A）

2.《亚太贸易协定》原产地证书

我国从 2006 年 9 月 1 日起，出口到韩国、斯里兰卡、印度、孟加拉国等亚太四国的产品，凭检验检疫机构签发的《亚太贸易协定》优惠原产地证书可以享受关税优惠待遇。

3.《中国—东盟自由贸易区》原产地证书（FORM E）

我国从 2005 年 7 月 20 日起，出口到文莱、柬埔寨、印度尼西亚、老挝、马来西亚、缅甸、菲律宾、新加坡、泰国、越南等东盟国家的 7 000 多种产品，凭借检验检疫机构签发的《中国—东盟自由贸易区》优惠原产地证书（FORM E）可以享受关税优惠待遇。比如，出口到文莱、印度尼西亚、马来西亚、菲律宾、新加坡和泰国的产品，从 2010 年 1 月 1 日起关税为零。其他国家的关税则降到 0～5％。

4.《中国—巴基斯坦自由贸易区》原产地证书

出口巴基斯坦的产品凭《〈中国与巴基斯坦自由贸易区〉优惠原产地证明书》可以享受关税优惠待遇。

5.《中国—智利自由贸易区》原产地证书（FORM F）

从 2006 年 10 月 1 日起，智利对原产于中国的 5 891 种产品的关税降为零，包括化工品、纺织品和服装、农产品、机电产品、车辆及零件等。出口产品凭出入境检验检疫机构签发的《中国—智利自由贸易区优惠原产地证明书》（FORM F）享受关税优惠待遇。

6.《中国—新西兰自由贸易区》原产地证书

从 2008 年 10 月 1 日起，我国出口至新西兰的全部产品凭《中国—新西兰自由贸易区优惠原产地证明书》可享受关税优惠。

7.《中国—新加坡自由贸易区》原产地证书

2009 年 1 月 1 日起开始正式实施《中华人民共和国政府和新加坡共和国政府自由贸易协定》项下关税优惠待遇，我方出口产品凭《中国—新加坡自由贸易区优惠原产地证明书》可享受相应的关税优惠待遇。

（4）普惠制产地证书申请书的缮制方法

① 申请单位

本栏填写申请单位全称并盖章。

② 注册号

本栏填写申请单位在出入境检验检疫局的注册编号，各公司注册号由当地出入境检验检疫局提供。

③ 生产单位

本栏填写该批出口商品的生产企业单位的名称。

④ 生产单位联系人电话

本栏填写该批出口商品的生产企业单位的电话号码。

⑤ 商品名称

本栏填写中英文商品名称，并与 H. S. 税目号一致。

⑥ H. S. 税目号

本栏填写海关《商品编码协调制度》商品 8 位数字的前 6 位。

⑦ 商品 FOB 总值。填写以美元计的 FOB 价值，如是以其他贸易术语成交的则应扣除以外汇支付的费用，如佣金、海运费、保险费等。

⑧ 证书种类"√"

出入境检验检疫局可提供加急证书和普通证书，加急证书一般 1 天即可取得，普通证书则需 3 天至 5 天，申请人可根据需要选择，并画"√"。

⑨ 原产地标准

在三条中选择其中一条，填于空格处。符合"W"的，加列 H. S. 的 4 位税目号。

⑩ 领证人（签名）。由领证人手签，加盖申请单位公章，并写明申请人的名称、电话及申请日期。

(5) 普惠制原产地证书的填写方法

① Goods consigned from (Exporter's business name, address, country)

本栏按信用证规定的受益人名称、地址、国别填制，如信用证未有详细地址，可填入实际地址。

② Goods consigned to (Consignee's name, address, country)

本栏填给惠国的最终收货人的名称、地址和国别。信用证项下一般为开证申请人，如其不是实际收货人，又不知最终收货人，可填提单被通知人或发票抬头人。

③ Means of transport and route (as far as known)

本栏按信用证规定填运输路线和运输方式，如 By steamer（海运）或 By air（空运）。如中途转运应注明转运地，如 Via Hongkong；不知转运地则用 W/T 表示。

④ For official use

本栏留空，供签证机构加注说明用。

⑤ Item number

将同批出口不同种类的商品用阿拉伯数字进行顺序编号填入本栏，单项商品用"1"表示或不填。

⑥ Marks and numbers of packages

唛头按信用证的规定填制，并与发票和提单内容相同。

⑦ Number and kind of packages; description of goods

本栏填出口货物最大包装件数和商品名称，如信用证规定单据要加注信用证编号或合同号码等内容，可在此显示。比如，信用证规定：All shipping documents must show the S/C No. T20031。此栏应注明 S/C No. T20031 的合同号。用"∗"符号打成横线示意完了。

⑧ Origin criterion（原产地标准）

本栏根据货物原料进口成分的比例填制。"P"表示无进口成分；"W"表示含进口成分，但符合原产地标准;"F"指出口加拿大货物中的进口成分在 40% 以下。

⑨ Certification(签证当局证明)

签证当局证明已印制,本栏由签证机构盖章,由其授权人手签。出证日期和地点由申报单位填写。签证当局(出入境检验检疫局)只签发正本。

⑩ Declaration by the exporter

本栏有三个内容:A. 生产国别:"China"已事先印妥;B. 出口国别:填给惠国的国名(即进口国);C. 出口商申请日期、地点及签章:申请单位盖章,由受权人手签并注明日期和地点,申报日期不得早于发票。

3. 操作实例

南京进出口公司在当地出入境检验检疫局办理注册登记手续,获取"普惠制原产地证明书注册登记证"。然后,派徐永发先生到南京市出入境检验检疫局主办的相关培训班学习,并获得了申请签发普惠制原产地证书的上岗证书。徐永发先生根据合同的要求,缮制商业发票、普惠制原产地证书申请书、普惠制原产地证书,并随附有关证明向南京出入境检验检疫局办理申请签发普惠制原产地证书手续。

(1) 徐永发先生缮制发票

南京进出口公司
NANJING IMPORT & EXPORT CORP.
1321 ZHONGSHAN ROAD NANJING, CHINA
COMMERCIAL INVOICE

TEL:025 - 23501111
FAX:025 - 23502222

INV NO.:TX 370
DATE:MAY 2,2010
S/C NO.:TXT 200710
L/C NO.:XT 370

TO:
JIM KING IMPORT & EXPORT CORP.
NO. 206 CHANGJ NORTH STREET, SINGAPORE
FROM NANJING PORT   TO SINGAPORE PORT

MARKS & NO.	DESCRIPTIONS OF GOODS	QUANTITY	U/PRICE	AMOUNT
JIM TXT 200710 SINGAPORE C/NO.:1 - 180	ELECTRIC DRILL PACKING: PACKED IN ONE CARTON OF 10 PCS EACH	1800 PCS	CIF SINGAPORE USD 4.00	USD 7 200.00

TOTAL AMOUNT:SAY US DOLLARS SEVEN THOUSAND AND TWO HUNDRED ONLY

WE HEREBY CERTIFY THAT THE CONTENTS OF INVOICE HEREIN ARE TRUE AND CORRECT.

NANJING IXP. & EXP. CORP.
发票专用章

NANJING IMPORT & EXPORT CORP.
XUYONGFA

（2）徐永发先生填制普惠制原产地证书申请书

普惠制原产地证明书申请书

申请单位（加盖公章）：南京进出口公司

申请人郑重申明：

证书号：.....................

注册号：88559966

本人被正式授权代表本企业办理和签署本申请书。

本申请书及普惠制原产地证明书格式 A 所列内容正确无误，如发现弄虚作假，冒充格式 A 所列货物，擅改证书，自愿接受签发机构的处罚并承担法律责任。现将有关情况申报如下：

生产单位	南京电动工具厂	生产单位联系人电话	025－88364200
商品名称（中英文）	电动钻头 ELECTRIC DRILL	H.S.税目号（以六位数码计）	8204.11
商品 FOB 总值（以美元计）6 400.00 美元		发票号	TX 370
最终销售国	新加坡	证书种类"√"	加急证书	普通证书√
货物拟出运日期	2010 年 5 月 30 日			

贸易方式和企业性质（请在适用处画"√"）

正常贸易 C	来 进料加工 L	补偿贸易 B	中外合资 H	中外合作 Z	外商独资 D	零售 Y	展卖 M
√							

包装数量或毛重或其他数量	180 箱

原产地标准：

本项商品系在中国生产，完全符合该给惠国给惠方案规定，其原产地情况符合以下第(1)条；

   （1）"P"（完全国产，未使用任何进口原材料）；

   （2）"W"其 H.S. 税目号为 _____ （含进口成分）；

   （3）"F"（对加拿大出口产品，其进口成分不超过产品出厂价值的 40%）。

本批产品系：1. 直接运输从 ___南京___ 到 ___新加坡___ ；

         2. 转口运输从 ___中转国(地区)___ 到 _____ 。

申请人说明	领证人（签名） 电话： 日期：

   现提交中国出口商业发票副本一份，普惠制原产地证明书格式 A（FORM A）一正二副，以及其他附件一份，请予审核签证。

   注：凡有进口成分的商品，必须要求提交《含进口成分受惠商品成本明细单》。

商 检 局 联 系 记 录

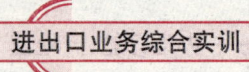
（3）徐永发先生填制普惠制原产地证书

1. Goods consigned from (Exporter's business name, address, country) NANJING YONGFA IMPORT & EXPORT CORP. 1321 ZHONGSHAN ROAD NANJING, CHINA	Reference No.: GENERALIZED SYSTEM OF PREFERENCES CERTIFICATE OF ORIGIN (COMBINED DECLARATION AND CERTIFICATE) **FORM A** ISSUED IN THE PEOPLE'S REPUBLIC OF CHINA
2. Goods consigned to (Consignee's name, address, country) JIM KING IMPORT & EXPORT CORP. NO. 206 CHANGJ NORTH STREET, SINGAPORE	(COUNTRY) SEE NOTES OVERLEAF
3. Means of transport and route (as far as known) FROM NANJING TO SINGAPORE BY S. S	4. For official use

5. Item number	6. Marks and numbers of packages	7. Number and kind of packages; description of goods	8. Origin criterion (see notes overleaf)	9. Gross weight or other quantity	10. Number and date of invoices
1	JIM TXT 200710 SINGAPORE C/NO.: 1 - 180	ELECTRIC DRILL SAY TOTAL ONE HUNDRED AND EIGHTY (180) CARTONS ONLY * * * * * * * * * * * * * * * * *	"P"	G. W 450 KGS	TX 370 MAY 2, 2010

11. **Certification** is hereby certified, on the basis of control carried out, that the declaration by the exporter is correct	12. **Declaration by the exporter** The undersigned hereby declares that the above details and statements are correct; that all the goods were produced in **CHINA** (country) and that they comply with the origin requirements specified for those goods in the Generalized System of Preference for goods exported to SINGAPORE (importing country)
Place and date, signature and stamp of certifying authority	NANJING MAY 10 2010 徐永发 Place and date, signature of authorized signatory

（4）出入境检验检疫局签发普惠制原产地证书

1. Goods consigned from (Exporter's business name, address, country) NANJING YONGFA IMPORT & EXPORT CORP. 1321 ZHONGSHAN ROAD NANJING, CHINA	Reference No.： GENERALIZED SYSTEM OF PREFERENCES CERTIFICATE OF ORIGIN (COMBINED DECLARATION AND CERTIFICATE)
2. Goods consigned to (Consignee's name, address, country) JIM KING IMPORT & EXPORT CORP. NO. 206 CHANGJ NORTH STREET, SINGAPORE	**FORM A** ISSUED IN　　THE PEOPLE'S REPUBLIC OF CHINA 　　　　　　(COUNTRY) 　　　SEE NOTES　OVERLEAF
3. Means of transport and route (as far as known) FROM NANJING TO SINGAPORE BY S. S.	4. For official use

5. Item number	6. Marks and numbers of packages	7. Number and kind of packages; description of goods	8. Origin criterion (see notes overleaf)	9. Gross weight Or other quantity	10. Number and date of invoices
1	JIM TXT 200710 SINGAPORE C/NO.：1 - 180	ELECTRIC DRILL SAY TOTAL ONE HUNDRED AND EIGHTY (180) CARTONS ONLY ＊＊＊＊＊＊＊＊＊＊＊＊＊＊＊	"P"	G. W. 450 KGS	TX 370 MAY 2，2010

11. **Certification** is hereby certified，on the basis of control carried out，that the declaration by the exporter is correct	12. **Declaration by the exporter** The undersigned hereby declares that the above details and statements are correct; that all the goods were produced in **CHINA** 　　　　(country) and that they comply with the origin requirements specified for those goods in the Generalized System of Preference for goods exported to SINGAPORE 　　　(importing country)
 NANJING MAY 12, 2010　丁毅 Place and date，signature and stamp of certifying authority	 NANJING　MAY 10 2010　徐永发 Place and date，signature of authorized signatory

二、实训操作

1. 业务操作背景

上海永胜进出口公司在上海出入境检验检疫局办理注册登记手续，获取"普惠制原产地证明书注册登记证"。然后，方达先生参加当地主管局主办的培训，并获得了申请签发普惠制原产地证书的上岗证书。方达先生根据合同的要求，缮制商业发票、普惠制原产地证书申请书、普惠制原产地证书，向上海出入境检验检疫局办理普惠制原产地证书申请签发手续。

2. 业务操作资料

合 同 号：XT 200711

信 用 证 号：XT 370

发 票 号 码：TX 370

买   方：MANDARS IMPORTS CO., LTD.（地址 38 QUEENSWAY, 2008UK）

装 运 地：上海港（SHANGHAI PORT）

目 的 地：伦敦（LONDON PORT）

货   名：全棉弹力牛仔女裙（LADIES DENIM SKIRT）

单   价：USD 7.00 CIF LONDON

数   量：18 000 件

包   装：每条装入一胶袋，18 条不同尺码与颜色装入一出口纸箱 (EACH PIECE IN A POLYBAG, 18 PIECES INTO AN EXPORT CARTON, WITH ASSORTED SIZES AND COLORS)

重量体积：毛重为 5 千克/箱

注 册 号：88559966

生产单位：南通服装有限公司 电话 0513 - 8836420

运   费：2 800 美元

保 险 费：1 900 美元

H.S. 编码：6302.59

出运日期：2010 年 5 月 30 日

原产地标准：无进口原材料成分

3. 业务操作要求

根据有关信息缮制发票、普惠制原产地证书申请书和普惠制原产地证书。

上海永胜进出口公司
SHANGHAIYONGSHENG IMP& EXP CO. ,
21 WEST ZHONGSHAN ROAD SHANGHAI, CHINA
COMMERCIAL　INVOICE

TEL：

FAX：

TO：

INV NO. : _____

DATE：_____

S/C NO. : _____

L/C NO. : _____

FROM _____   TO _____

MARKS & NO.	DESCRIPTIONS OF GOODS	QUANTITY	U/PRICE	AMOUNT

TOTAL AMOUNT：

WE HEREBY CERTIFY THAT THE CONTENTS OF INVOICE HEREIN ARE TRUE AND CORRECT.

普惠制原产地证明书申请书

申请单位（加盖公章）：   证书号：＿＿＿＿＿＿＿

申请人郑重声明：   注册号：

本人被正式授权代表本企业办理和签署本申请书。

本申请书及普惠制产地证明书格式 A 所列内容正确无误，如发现弄虚作假，冒充格式 A 所列货物，擅改证书，自愿接受签发机构的处罚并承担法律责任。现将有关情况申报如下：

生产单位		生产单位联系人电话	
商品名称（中英文）		H. S. 税目号（以六位数码计）	
商品 FOB 总值（以美元计）		发票号	

最终销售国		证书种类"√"	加急证书	普通证书
货物拟出运日期				

贸易方式和企业性质（请在适用处画"√"）

正常贸易 C	来进料加工 L	补偿贸易 B	中外合资 H	中外合作 Z	外商独资 D	零售 Y	展卖 M

包装数量或毛重或其他数量	

原产地标准：
本项商品系在中国生产，完全符合该给惠国给惠方案规定，其原产地情况符合以下第＿＿条；
　（1）"P"（完全国产，未使用任何进口原材料）；
　（2）"W"其 H. S. 税目号为＿＿＿＿（含进口成分）；
　（3）"F"（对加拿大出口产品，其进口成分不超过产品出厂价值的 40％）。
本批产品系：1. 直接运输从＿＿＿＿到＿＿＿＿；
　　　　　　2. 转口运输从＿＿＿＿中转国（地区）＿＿＿＿到＿＿＿＿。

申请人说明   领证人（签名）

　　　　　　　　　　　　　　　　　　　电话：

　　　　　　　　　　　　　　　　　　　日期：

　　现提交中国出口商业发票副本一份，普惠制原产地证明书格式 A（FORM A）一正二副，以及其他附件一份，请予审核签证。

　　注：凡有进口成分的商品，必须要求提交《含进口成分受惠商品成本明细单》。

商 检 局 联 系 记 录

1. Goods consigned from (Exporter's business name, address, country)	Reference No. : GENERALIZED SYSTEM OF PREFERENCES CERTIFICATE OF ORIGIN (COMBINED DECLARATION AND CERTIFICATE)
2. Goods consigned to (Consignee's name, address, country)	**FORM A** ISSUED IN THE PEOPLE'S REPUBLIC OF CHINA (COUNTRY) SEE NOTES OVERLEAF
3. Means of transport and route (as far as known)	4. For official use

5. Item number	6. Marks and numbers of packages	7. Number and kind of packages; description of goods	8. Origin criterion (see notes overleaf)	9. Gross weight or other quantity	10. Number and date of invoices

11. **Certification** is hereby certified, on the basis of control carried out, that the declaration by the exporter is correct	12. **Declaration by the exporter** The undersigned hereby declares that the above details and statements are correct; that all the goods were produced in _____ (country) and that they comply with the origin requirements specified for those goods in the Generalized System of Preference for goods exported to _____ (importing country)
Place and date, signature and stamp of certifying authority	Place and date, signature of authorized signatory

综合业务模拟操作

一、实训操作资料

卖　　方：广州纺织品进出口公司
　　　　　广州北京路 530 号
　　　　　TEL：020 - 64043030　FAX：020 - 64043031

买　　方：OLEARA IMPORT & EXPORT CORPORATION
　　　　　310 - 224 HOLA STREET MARSEILLE, FRANCE

合 同 号：ST 071032

发票号码：GZT 00021

装 运 港：广州

目 的 港：MARSELLE

出运日期：2010 年 7 月 1 日

货　　名：男式衬衫　Art No. 88(蓝色)、Art No. 44(黑色)

数　　量：Art No. 88(蓝色)3 000 件、Art No. 44 (黑色)3 000 件

包　　装：每 20 件装一只纸箱

重量体积：毛重为 20.2 千克/箱、净重为 20 千克/箱、尺码为 0.2 立方米/箱

价　　格：Art No. 88 每件 6.50 美元、Art No. 44 每件 7.00 美元 CIF MARSEILLE

信用证号：07/CB4578

唛　　头：由卖方指定

广州编号：JF 0387124

提单份数：3 份(提单寄送地址为广州北京路 530 号)

物资进栈：派送

人民币账号：R123668645

外民币账号：Y4321337235

转船、分批：允许

注 册 号：66775

生产单位：广州宏光服装厂　电话 021 - 56788888

商品编码：6303.4500

运　　费：1 800 美元

保 险 费：1 200 美元

H. S. 编码：6302.59

出运日期：2010 年 7 月 31 日

原产地标准：无进口原材料成分

二、实训操作要求

1. 请你以广州纺织品进出口贸易公司业务员王伟的身份，根据上述资料、销售合同书和信用证的有关内容缮制装箱单。

广州纺织品进出口公司

GUANGZHOU TEXTILE IMPORT & EXPORT CORPORATION

530 BEIJING ROAD　GUANGZHOU, CHINA

PACKING LIST

TEL：_____　　　　　　　　INVOICE NO. : _____

FAX：_____　　　　　　　　　DATE: _____

　　　　　　　　　　　　　　　　　　　S/C NO. : _____

TO：

　　　　　　　　　　　　　　　　　　　　　　MARKS & NOS

GOODS DESCRIPTION & PACKING	QTY (PCS)	CTNS	G. W. (KGS)	N. W. (KGS)	MEAS (M³)
TOTAL					

SAY TOTAL

_____

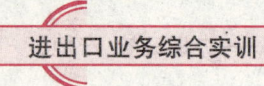

2. 请你以广州纺织品进出口公司业务员王伟的身份，根据上述资料、销售合同书和信用证的有关内容填写货运委托书。

广州国际货运代理公司

经营单位（托运人）			国 际编 号	
提单 B/L 项目要求	发货人：Shipper：			
	收货人：Consignee：			
	通知人：Notify Party：			
海洋运费（√）Sea Freight	预付（ ）或（ ）到付 Prepaid or Collect	提单份数		提单寄送地　址
启运港		目的港	可否转船	可否分批
集装箱预配数		20′×　　40′×	装运期限	有效期限
标记唛码	包装件数	中英文货号 Description of Goods	毛重（千克）	尺码（立方米）	成 交 条 件（总 价）

标记唛码	包装件数	中英文货号 Description of Goods	毛重（千克）	尺码（立方米）	成 交 条 件（总 价）
内 装 箱（CFS）地址		特种货物□ 冷藏货□ 危险品	重　件：每件重量		
			大　　件（长×宽×高）		
门对门装箱地址		特种集装箱：（　　　　　　）			
		物资备妥日期			
外币结算账号		物资进栈：自送（ ）或金发派送（ ）			
声明事项		人民币结算单位账号			
		托运人签章			
		电　话			
		传　真			
		联系人			
		地　址			
		制单日期：			

3. 请你以广州纺织品进出口公司业务员王伟的身份,根据上述资料缮制发票,要求格式完整,内容正确。

广州纺织品进出口公司
GUANGZHOU TEXTILE IMPORT & EXPORT CORPORATION
530 BEIJING ROAD GUAGNZHOU, CHINA
COMMERCIAL INVOICE

TEL: _____　　　　　　　　　　INV NO. : _____

FAX: _____　　　　　　　　　　DATE: _____

　　　　　　　　　　　　　　　　　　S/C NO. : _____

TO:　　　　　　　　　　　　　　　　L/C NO. : _____

FROM _____　TO _____

MARKS & NO.	DESCRIPTIONS OF GOODS	QUANTITY	U/PRICE	AMOUNT

TOTAL AMOUNT:

WE HEREBY CERTIFY THAT THE CONTENTS OF INVOICE HEREIN ARE TRUE AND CORRECT.

_____

4. 请你以广州纺织品进出口公司业务员王伟的身份,根据上述资料填写普惠制原产地证明申请书和普惠制原产地证书。

普惠制原产地证明书申请书

申请单位(加盖公章):   证书号:

申请人郑重申明: 注册号:

本人被正式授权代表本企业办理和签署本申请书。

本申请书及普惠制原产地证明书格式 A 所列内容正确无误,如发现弄虚作假,冒充格式 A 所列货物,擅改证书,自愿接受签发机构的处罚并承担法律责任。现将有关情况申报如下。

生产单位		生产单位联系人电话		
商品名称 (中英文)		H.S.税目号 (以六位数码计)		
商品 FOB 总值(以美元计)		发票号		
最终销售国		证书种类"√"	加急证书	普通证书
货物拟出运日期				

贸易方式和企业性质(请在适用处画"√")

正常贸易 C	来 进料加工 L	补偿贸易 B	中外合资 H	中外合作 Z	外商独资 D	零售 Y	展卖 M

包装数量或毛重或其他数量

原产地标准:

本项商品系在中国生产,完全符合该给惠国给惠方案规定,其原产地情况符合以下第   条:

   (1)"P"(完全国产,未使用任何进口原材料);

   (2)"W"其 H.S.税目号为   (含进口成分);

   (3)"F"(对加拿大出口产品,其进口成分不超过产品出厂价值的40%)。

本批产品系: 1. 直接运输从   到   ;

              2. 转口运输从   中转国(地区)   到   。

申请人说明	领证人(签名) 电话: 日期:

现提交中国出口商业发票副本一份,普惠制原产地证明书格式 A (FORM A)一正二副,以及其他附件一份,请予审核签证。

注:凡有进口成分的商品,必须要求提交《含进口成分受惠商品成本明细单》。

商 检 局 联 系 记 录

1. Goods consigned from (Exporter's business name, address, country)	Reference No. GENERALIZED SYSTEM OF PREFERENCES CERTIFICATE OF ORIGIN (COMBINED DECLARATION AND CERTIFICATE) **FORM A** ISSUED IN THE PEOPLE'S REPUBLIC OF CHINA		
2. Goods consigned to (Consignee's name, address, country)	(COUNTRY) SEE NOTES OVERLEAF
3. Means of transport and route (as far as known)	4. For official use

5. Item number	6. Marks and numbers of packages	7. Number and kind of packages; description of goods	8. Origin criterion (see notes overleaf)	9. Gross weight or other quantity	10. Number and date of invoices

11. **Certification** is hereby certified, on the basis of control carried out, that the declaration by the exporter is correct	12. **Declaration by the exporter** The undersigned hereby declares that the above details and statements are correct; that all the goods were produced in
	_____ (country) and that they comply with the origin requirements specified for those goods in the Generalized System of Preference for goods exported to _____ (importing country)
------------------------------ Place and date, signature and stamp of certifying authority	------------------------------ Place and date, signature of authorized signatory

项目五

出口合同履行——办理投保、报检

业务操作背景

在 CIF 条件下，由卖方办理保险手续。南京进出口公司在订舱确认后，根据合同和信用证的规定，填制投保单，向中保财产保险有限公司办理出口货物运输保险手续。

工作任务一 办理出口货运保险手续

一、实训操作指南

1. 操作流程

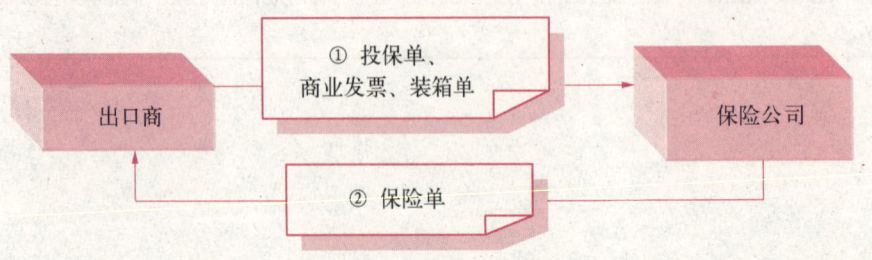

评析

- 出口商确定保险金额,填制投保单,并随附有关单据向保险公司办理投保。
- 保险公司按约定的保险费率收讫保险费后,出具保险单。
- 保险单是保险人与被保险人之间订立保险合同的法定文件,是索赔的法定依据。
- 保险单须作背书方可转让。

2. 操作要点

(1) 投保单的填制方法

① 被保险人(Assured's Name)

托收项下的保险单应填出口商名称。CIF 项下的信用证应按信用证要求填制:如信用证规定"To order",此栏转录,受益人并要在保险单背面作空白背书;信用证要求"To order of …"或"In favor of …",此栏应写成"To order of"加上被保险人名称,并作记名背书;信用证对此无具体规定,受益人应视为被保险人,并作空白背书。

② 包装数量(Quantity)

本栏填最大包装件数,并与发票、装箱单同项内容一致。散装货填"IN BULK"。如果货物价格以重量计价,除表示件数外,还应注明毛重或净重。

③ 保险货物项目(Description of Goods)

本栏按发票品名填写,如发票品种名称繁多,可填其统称。

④ 保险金额(Amount Insured)

本栏一般按 CIF 发票总值 110% 填写。信用证项下应按信用证规定计算填入,如无规定,应为发票总额加一成的金额。保险金额小数点后的尾数应进位取整,如 USD 2304.1 应进位取整为 USD 2305。

⑤ 装载运输工具(Per Conveyance)

海运填写船名,中途转船应在一程船名后加填二程船名,如"By S. S. DONG FANG/TOKYO V. 108"。空运(By Airplane)应填航班名称。

⑥ 航次、航班或车号(Voy. No.)

海运填航次号,空运填航班号。

⑦ 开航日期(Slg. Date)

本栏一般填写本批货物运输单据的签发日期,如海运可填"As per B/L"。

⑧ 起讫地点(From … To …)

在"From"后填装运港(地)名称,"To"后填目的港(地)名称,转运时应在目的港(地)后加注"W/T at …(转运港/地名称)"。如果海运至目的港,保险承保到内陆城市,应在目的港后注明,如"From … To Liverpool and thence to Birmingham"。

⑨ 赔款偿付地点(Claim Payable at)

本栏包括保险赔款的支付地点和赔付的货币名称,应按信用证规定缮制。如来证未作规定,或托收项下的,则填目的港(地)名称。

⑩ 承保险别(Condition)

本栏应按合同或信用证规定的保险险别填写,并注明依据的保险条款名称及其颁布年份,如"Covering all Risks and War Risks as Per PICC 1/1/1981"。

(2) 保险单的缮制要求

① 保险单号次(Policy No.)

本栏按保险公司指定的编号填入。

② 货物标记(Marks of Goods)

本栏应与发票的唛头相同,也可填"As per Invoice No. …"。

③ 总保险金额(Total Amount Insured)

本栏用英文大写表示,大小写金额须保持一致。

④ 保费(Premium)

保险公司一般在印制保险单时已在本栏印妥"as arranged"(按约定),无须填制。如信用证要求详细列明,则应按来证要求办理,删除"as arranged"字样,填上具体保险费额。

保险费的计算公式为:

$$保险费 = 保险金额 \times 保险费率$$

⑤ 保险勘察代理人(Insurance Survey Agent)

保险勘察代理人由保险公司指定,并注明其详细地址,以便在货物损失时,收货人可及时通知代理人进行勘察和理赔事宜。通常不接受来证中指定的理赔代理人。

⑥ 签发日期(Place and Date of Issue)

保险单签发日期不得晚于提单等运输单据签发日。签发地为受益人所在地,通常已事先印在保险单上。

⑦ 保险公司签章(Authorized Signature)

保险单经保险公司签章后才有效,其签章一般已事先印制在保险单的右下方,然后由授权人签名即可。

3. 操作实例

南京进出口公司与新加坡 JIM KING IMPORT & EXPORT CORP. 采用 CIF 价格术语成交,因此南京进出口公司徐永发先生填制投保单,并随附商业发票向中保财产保险有限公司南京市分公司办理出口货物运输投保手续。保险公司核准投保申请后,收取保险费,签发保险单。

（1）徐永发先生填写投保单

中保财产保险有限公司南京市分公司

The People's Insurance (Property) Company of China, Ltd. Shanghai Branch

进出口货物运输保险投保单

Application From form I/E Marine Cargo Insurance

被保险人 Assured's Name	NANJING IMPORT & EXPORT CORP.		
发票号码（出口用）或合同号码（进口用） Invoice No. or Contract No.	包装数量 Quantity	保险货物项目 Description of Goods	保险金额 Amount Insured
AS PER INVOICE NO.：TX 370	180 CARTONS	ELECTRIC DRILL	USD 7 920. 00

装载运输工具DONGFANG 航次、航班或车号 V. 190 开航日期 MAY 30, 2010
Per Conveyance　　　Voy. No.　　　Slg. Date
自NANJING 至SINGAPORE 转运地　　　赔款地SINGAPORE
From　　To　　　W/Tat　　Claim Payable at
承保险别：　FOR 110% OF THE INVOICE VALUE COVERING ALL RISKS & WAR RISK AS PER
Condition & /or PICC DATE 1/1/1981
Special Coverage

投保人签章及公司名称、电话、地址：
Applicant's Signature and Co.'s Name, Add. And Tel. No.
　　NANJING IMPORT & EXPORT CORP.
1321 ZHONGSHAN ROAD NANJING CHINA
025 - 23501111
备注：　　　　投保日期：2010 年 5 月 24 日
Remarks　　　Date

保险公司填写：　　报单号：　　费率：　　核保人：

（2）保险公司签发保险单

中保财产保险有限公司
The People's Insurance (Property) Company of China, Ltd.

发票号码
Invoice No. TX370

保险单号次
Policy No. SH 053101769

海 洋 货 物 运 输 保 险 单
MARINE CARGO TRANSPORTATION INSURANCE POLICY

被保险人
Insured：NANJING IMPORT & EXPORT CORP.

中保财产保险有限公司（以下简称本公司）根据被保险人的要求，及其所缴付约定的保险费，按照本保险单承担的险别和背面所载条款与下列特别条款承保下列货物运输保险，特签发本保险单。

This policy of Insurance witnesses that The People's Insurance (Property) Company of China, Ltd. (hereinafter called "The Company"), at the request of the Insured and consideration of the premium paid by the Insures, undertakes to insure the under-mentioned goods in transportation subject to the condition of this Policy as per the Clauses printed overleaf and other special clauses attached hereon.

保险货物项目 Descriptions of Goods	包装 Parking	单位 Unit	数量 Quantity	保险金额 Amount Insured
ELECTRIC DRILL		1800 CARTONS		USD 7920.00

承保险别 FOR 110% OF THE INVOICE VALUE COVERING   货物标记 AS PER INVOICE NO. TX370
Condition   ALL RISKS & WAR RISK AS PER PICC DATE 1/1/1981   Marks of Goods

总保险金额：
Total Amount Insured：SAY US DOLLARS SEVEN THOUSAND NINE HUNDRED AND TWENTY ONLY

保费   As arranged   运输工具   开航日期：
Premium _____   Per conveyance S. S DONGFANG V. 190   Slg. On or abt MAY 30, 2010

启运港NANJING   目的港   SINGAPORE
From   To

所保货物，如发生本保险单项下可能引起索赔的损失或损坏，应立即通知本公司下述代理人查勘。如有索赔，应向本公司提交保险单正本（本保险单共有 2 份正本）及有关文件。如一份正本已用于索赔，则其余正本自动失效。

In the event of loss or damage which may result in a claim under this Policy, immediate notice must be given to the Company's Agent as mentioned hereunder. Claims, if any, one of the Original Policy which has been issued in TWO Original(s) together with the relevant documents shall be surrendered to the Company, If one of the Original Policy has been accomplished, the others to be void.

THE PEOPLE'S INSURANCE (PROPERTY) COMPANY OF CHINA, LTD. OSAKA BRANCH
98 LSKL MACH OSAKA, JAPAN
TEL：028－543657

中保财产保险有限公司
THE PEOPLE'S INSURANCE (PROPERTY) COMPANY OF CHINA, LTD.

The People's Insurance (Property) Company of China, Ltd.

赔款偿付地点
Claim payable at SINGAPORE
日期   在
Date MAY 24, 2010   at   NANJING   General Manager：凡玲
地址：
Address：

二、实训操作

1. 业务操作背景

上海永胜进出口公司与 MANDARS IMPORTS CO.，LTD. 采用 CIF 贸易术语成交。为此，上海永胜进出口公司方达先生填制投保单，并随附商业发票向中保财产保险有限公司上海市分公司办理出口货物运输保险手续。保险公司核准投保申请后，收取保险费，签发保险单。

2. 业务操作资料

发票号码：TX 370

包装数量：1 000 箱

保险货物项目：LADIES DENIM SKIRT

发票金额：126 000 美元

船名航次：DONANG V. 110

开航日期：2010 年 5 月 30 日

起讫地点：上海至伦敦

承保险别：按发票金额 110％投保一切险和战争险。

3. 业务操作要求

根据有关信息正确填写投保单和保险单。

中保财产保险有限公司上海市分公司

The People's Insurance (Property) Company of China，Ltd. Shanghai Branch

进出口货物运输保险投保单

Application From form I/E Marine Cargo Insurance

被保险人 Assured's Name			
发票号码(出口用)或合同号码(进口用) Invoice No. or Contract No.	包装数量 Quantity	保险货物项目 Description of Goods	保险金额 Amount Insured

装载运输工具＿＿＿＿＿ 航次、航班或车号＿＿＿＿＿＿＿＿＿ 开航日期＿＿＿＿＿＿＿

Per Conveyance　　Voy. No.　　　　　　　　Slg. Date

自＿＿＿＿＿至＿＿＿＿＿转运地＿＿＿＿＿ 赔款地＿＿＿＿＿＿

From　　To　　　W/Tat　　　Claim Payable at

承保险别：

Condition & /or

Special Coverage

投保人签章及公司名称、电话、地址：

Applicant's Signature and Co. 's Name，Add. And Tel. No.

备注：　　　　　　　　　投保日期：

Remarks　　　　　　　　Date

保险公司填写：　　　报单号：　　　费率：　　　核保人：

中保财产保险有限公司
The People's Insurance (Property) Company of China, Ltd.

发票号码
Invoice No. TX370

保险单号次
Policy No. SH053101769

海 洋 货 物 运 输 保 险 单
MARINE CARGO TRANSPORTATION INSURANCE POLICY

被保险人
Insured：

中保财产保险有限公司(以下简称本公司)根据被保险人的要求，及其所缴付约定的保险费，按照本保险单承担的险别和背面所载条款与下列特别条款承保下列货物运输保险，特签发本保险单。

This policy of Insurance witnesses that The People's Insurance (Property) Company of China, Ltd. (hereinafter called "The Company"), at the request of the Insured and consideration of the premium paid by the Insures, undertakes to insure the under-mentioned goods in transportation subject to the condition of this Policy as per the Clauses printed overleaf and other special clauses attached hereon.

保险货物项目 Descriptions of Goods	包装 Parking	单位 Unit	数量 Quantity	保险金额 Amount Insured

承保险别
Condition

货物标记
Marks of Goods

总保险金额：
Total Amount Insured：

保费　　　As arranged
Premium

运输工具
Per conveyance S. S.

开航日期：
Slg. On or abt

启运港
From

目的港
To

　　所保货物，如发生本保险单项下可能引起索赔的损失或损坏，应立即通知本公司下述代理人查勘。如有索赔，应向本公司提交保险单正本(本保险单共有____份正本)及有关文件。如一份正本已用于索赔，则其余正本自动失效。

　　In the event of loss or damage which may result in a claim under this Policy, immediate notice must be given to the Company's Agent as mentioned hereunder. Claims, if any, one of the Original Policy which has been issued in ____ Original (s) together with the relevant documents shall be surrendered to the Company, If one of the Original Policy has been accomplished, the others to be void.

中保财产保险有限公司
THE PEOPLE'S INSURANCE (PROPERTY) COMPANY OF CHINA, LTD.

赔款偿付地点
Claim payable at

日期　　　　　　　在
Date　　　　　at　　　　　　General Manager：

地址：
Address：

相关链接

保险单种类

1. 保险单(Insurance Policy)

保险单俗称"大保单",是保险人签发的正式凭证,其基本内容有被保险人名称、保险货物名称、数量、包装及标志、运输工具名称、投保险别、保险起讫地点和开航日期等。除此之外,保险单背面印有保险条款,包括保险人的责任范围和除外责任,以及保险人与被保险人各自的权利、义务等详细内容。

2. 保险凭证(Insurance Certificate)

保险凭证俗称"小保单",是表示保险公司已接受承保的一种证明文件,是一种略式保险单,仅载明被保险人名称、被保险货物的名称、数量、包装及标志、船名、航程、开船日期、投保险别、保险期限和保险金额等基本内容,对保险人与被保险人的权利、义务则予以省略。保险凭证以保险单的保险条款为准,与保险单的法律效力相当。

3. 批单(Endorsement)

保险人出立保险单之后,被保险人如果需要更改险别、运输工具名称、航程和保险金额等,应向保险人或其授权的代理人提出申请,由保险人或其授权的代理人出具批单,作为保险单的组成部分。

工作任务二 办理出境货物委托报检手续

一、实训操作指南

1. 操作流程

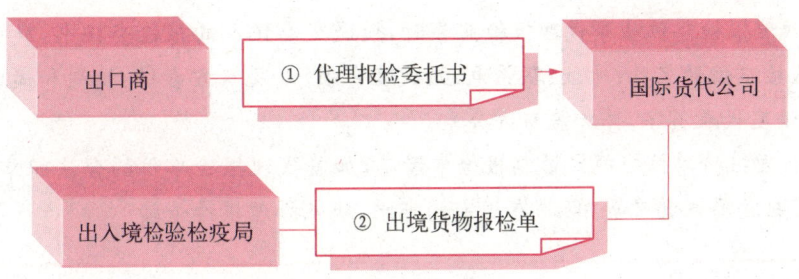

评析

● 出口商在货物装运前委托货运代理公司代办报检手续,缮制报检委托书并随附商业发票、装箱单、合同等有关单据。

● 货运代理公司缮制出境货物报检单向出入境检验检疫局办理报检手续。

2. 操作要点

(1) 报检委托书的主要缮制方法

① 出入境检验检疫局名称

本栏填写出境口岸出入境检验检疫局的名称。

② 审批文件

根据有关法律、法规的规定,本栏填写将该出口货物报检必须提供的文件名称。

③ 其他特殊要求

本栏填写委托人在报检中必须达到的要求。

④ 受托单位

本栏填写受理该报检业务单位的名称。

⑤ 代理内容

本栏选择代理报检业务事宜,在相关事宜前的"□"内画"√"。

⑥ 委托人签章

本栏委托人签名盖章,并注明日期。

⑦ 受托人签章

本栏受托人签名盖章,并注明日期。

相关链接

代理报检单位的义务

1. 代理报检单位在代理报检业务时,须遵守出入境检验检疫法律、法规和规定,对代理报检的内容和提交的有关文件的真实性、合法性负责,并承担相应的法律责任。

2. 代理报检单位从事代理报检业务时,须提交委托人的报检委托书,载明委托人与代理报检单位的名称、地址、联系电话、代理事项,以及双方责任、权利和代理期限等内容,由法定代表签字,并加盖双方公章。

3. 代理报检单位应规定填制报检申请单,加盖代理报检单位的合法印章,并提供检验检疫机构要求的必要单证,在规定的期限、地点办理报检手续。

（续上）

4. 代理报检单位应切实履行代理报检职责，负责与委托人联系，协助检验检疫机构落实检验检疫的时间、地点，配合检验检疫机构实施检验检疫，并提供必要的工作条件。对已完成检验检疫工作的，应及时领取检验检疫证明单和通关证明。

5. 代理报检单位应积极配合检验检疫机构对其所代理报检业务有关事宜的调查和处理。

6. 代理报检单位应按检验检疫机构的要求聘用报检员，对其进行管理，并对其报检行为承担法律责任。如果报检员被解聘或不再从事报检工作或离开本单位，代理报检单位应及时申请办理注销手续，否则，承担由此产生的法律责任。

（2）出境货物报检单的主要缮制方法

① 编号

本栏由检验检疫机构报检受理人员填写，前6位为检验检疫机构代码，第7位为报检类代目，第8、第9位为年代码，第10位至第15位为流水号。实行电子报检后，该编号可在受理电子报检的回执中自动生成。

② 报检单位

本栏填写报检单位的全称，并盖报检单位印章。

③ 报检单位登记号、联系人、电话

本栏填写报检单位在检验检疫机构备案或注册登记的代码、报检人员姓名及联系电话。

④ 报检日期

本栏填写检验检疫机构实际受理报检的日期，由检验检疫机构受理报检人员填写。

⑤ 贸易方式

本栏根据实际情况填写一般贸易、来料加工、进料加工、易货贸易和补偿贸易等贸易方式。

⑥ 许可证/审批证

如为实施许可/审批制度管理的货物，必须填写其编号，不得留空。

⑦ 合同信用证订立的检验检疫条款或特殊要求

本栏填写在出口贸易合同中特别订立的有关质量、卫生等条款，或报检单位对本批货物检验检疫的特别要求。

⑧ 用途

本栏根据实际情况填写食用、奶用、观赏或演艺、伴侣动物、试验、药用、其他等用途。

⑨ 随附单据

本栏根据向检验检疫机构提供的实际单据，在该前"□"内画"√"，或在"□"后补填单据名称，在其"□"内画"√"。

⑩ 需要证单名称

本栏根据需要由检验检疫机构出具的证单，在对应的"□"内画"√"或补填，并注明所需证单的正副本数量。

3. 操作实例

属于我国出入境有关法律、法规规定的出境检验检疫都必须办理报检手续,可由公司自行办理,也可委托货代公司或报检公司代办。南京进出口公司此笔业务委托中胜国际货运代理公司代办报检,为此,徐永发先生提供已缮制的报检委托书和出境货物报检单,并随附发票和装箱单等有关单据。

相关链接

出境检验检疫的报检范围

1. 法律与行政法规所规定的实施检验检疫的出境对象。根据《中华人民共和国进出口商品检验法》、《中华人民共和国进出境动植物检疫法》和《中华人民共和国国境卫生检疫法》及其实施细则以及《中华人民共和国食品卫生法》等有关法规的规定,下列入境对象须向检验检疫机构报检,由其实施检验检疫或鉴定工作。

(1) 列入《出入境检验检疫机构实施检验检疫的进出境商品目录》内的货物。

(2) 出口危险货物包装容器的性能检验和使用鉴定。

(3) 出境集装箱。

(4) 出境动植物、动植物产品和其他检疫物。

(5) 装载动植物、动植物产品和其他检疫物的装载容器、包装物、铺垫材料。

(6) 装载出境动植物、动植物产品及其他检疫物的运输工具。

(7) 出境人员、交通工具、运输设备以及可能传播检疫传染病的行李、货物和邮包等物品。

(8) 旅客携带物和携带伴侣动物。

(9) 国际邮寄物。

(10) 其他法律、行政法规规定需经检验检疫机构实施检验检疫的其他出境对象。

2. 输入国家或地区所规定须凭检验检疫机构出具证书方准入境的对象。某些国家发布法令或政府规定,对来自中国的动植物、动植物产品、食品,凭我国检验检疫机构签发的动植物检疫证书以及有关证书方可入境;有些国家或地区规定,从中国输入货物的木质包装,装运前要进行热处理、熏蒸或防腐等除害处理,并由我国检验检疫机构出具"熏蒸/消毒证书"。

3. 凡我国作为成员的国际条约、公约和协定所规定的实施检验检疫的出境货物。凡我国作为成员的国际条约、公约和协定所规定的,必须由我国检验检疫机构实施检验检疫的出境货物,该货主或其代理人须向检验检疫机构报检实施检验检疫。

（续上）

> 4. 凡贸易合同约定的须凭检验检疫机构签发的证书进行交接、结算的入境货物。凡在进口贸易合同或协议中规定的出境货物,要以我国检验检疫机构签发的检验检疫证书作为交接、结算依据,该货主或其代理人须向检验检疫机构报检,由检验检疫机构按照合同、协议的要求实施检验检疫或鉴定,并签发检验检疫证书。

（1）徐永发先生缮制报检委托书

报检委托书

　　<u>南京市</u>　出入境检验检疫局:

　　本委托人郑重声明,保证遵守出入境检验检疫法律、法规的规定。如有违法行为,自愿接受检验检疫机构的处罚并负法律责任。

　　本委托人委托受委托人向检验检疫机构提交报检单和各种随附单据。具体委托情况如下:

　　本单位将于<u>2010</u>年<u>5</u>月间出口如下货物:

品　　名	全棉牛仔女裙	H.S编码	8204.1100
数(重)量	180 件	合同号	TXT 2007111
信用证号	XT 370	审批文件	
其他特殊要求			

　　特委托<u>　南京中胜货运代理公司　</u>（单位/注册登记号）,代理本公司办理下列出入境检验检疫事宜:

☑ 1. 办理代理报检手续;

☑ 2. 代缴检验检疫费;

☑ 3. 负责与检验检疫机构联系和验货;

☑ 4. 领取检验检疫证书;

☐ 5. 其他与报检有关的相关事宜。

请贵局按有关法律、法规规定予以办理。

委托人:南京进出口公司
　　　　徐永发
　　　　2010 年 5 月 20 日

受委托人(公章):
　　南京中胜国际货运
　　代理公司
　　李明
　　2010 年 5 月 20 日

（2）徐永发先生缮制出境货物报检单

中华人民共和国出入境检验检疫
出境货物报检单

报检单位（加盖公章）：南京进出口公司　　　　　　　　　　　*编号：_____

报检单位登记号：12345Q　联系人：徐永发　电话：23501111　报检日期：2010 年 5 月 21 日

发货人	（中文）南京进出口公司					
	（外文）NANJING IMPORT & EXPORT CORPORATION					
收货人	（中文）					
	（外文）JIM KING IMPORT & EXPORT CORP.					

货物名称（中/外文）	H.S.编码	产地	数/重量	货物总值	包装种类及数量
电动钻头 ELECTRIC DRILL	82041100	南京	1 800 只	7 200 美元	180 箱

运输工具名称号码	DONGFANG V.190	贸易方式	一般贸易	货物存放地点	南京市江苏路9号
合同号	TXT 200710	信用证号	XT 370	用途	
发货日期	2010 年 5 月 30 日	输往国家（地区）	新加坡	许可证/审批证	
启运地	南京	到达口岸	SINGAPORE	生产单位注册号	NJ 08123456
集装箱规格、数量及号码					

合同、信用证订立的检验检疫条款 或特殊要求	标记及号码	随附单据（画"√"或补填）	
按照合同要求检验	JIM TXT 200710 SINGAPORE C/NO.：1－180	☑ 合同 ☑ 信用证 ☑ 发票 ☐ 换证凭单 ☑ 装箱单 ☑ 厂检单	☐ 包装性能结果单 ☐ 许可/审批文件 ☐ ☐ ☐ ☐

需要证单名称（画"√"或补填）		*检验检疫费	
☐ 品质证书 ____正___副	☐ 植物检疫证书 ____正___副	总金额（人民币元）	
☐ 重量证书 ____正___副	☐ 熏蒸/消毒证书 ____正___副		
☑ 数量证书 _1_正_2_副	☐ 出境货物换证凭单 ____正___副	计费人	
☐ 兽医卫生证书 ____正___副			
☐ 健康证书 ____正___副		收费人	
☐ 卫生证书 ____正___副			
☐ 动物卫生证书 ____正___副			

报检人郑重声明：	领取证单	
1. 本人被授权报检。 2. 上列填写内容正确属实，货物无伪造或冒用他人的厂名、标志、认证标志，并承担货物质量责任。 　　　　　签名：徐永发	日期	
	签名	

注：有"*"号栏由出入境检验检疫机关填写。　　　　　◆国家出入境检验检疫局制

（3）出入境检验检疫局签发出境货物通关单

中华人民共和国出入境检验检疫
出境货物通关单

编号：070510

1. 收货人　　JIM KING IMPORT & EXPORT CORP.		5. 标记及唛码 JIM TXT 200710 SINGAPORE C/NO.：1-180
2. 发货人　　南京进出口公司		
3. 合同/提(运)单号 TXT 200710	4. 输出国家或地区 中国	
6. 运输工具名称及号码 DONGFANG V. 190	7. 目的地 新加坡	8. 集装箱规格及数量

9. 货物名称及规格 ELECTRIC DRILL	10. H. S. 编码 82041100	11. 申报总值 7 200.00 美元	12. 数/重量、包装数量及种类 450 千克 180 箱

13. 证明
上述货物业已报检/申报，请海关予以放行。 本通关单有效期至　2010 年 6 月 22 日   签字：丁鸣　　　　　　　　　　　　　日期：2010 年 5 月 23 日
14. 备注

二、实训操作

1. 业务操作背景

上海永胜进出口公司此笔业务委托上海金友国际货运代理公司代办出口货物的报检。为此，方达先生要提供已缮制的报检委托书和出境货物报检单，并随附商业发票和装箱单等有关单据。

2. 业务操作资料

出入境检验检疫局名称：上海出入境检验检疫局

受托单位：金友国际货运代理公司

出运日期：2010 年 5 月 30 日

合　同　号：XT 200711

信用证号：XT 370

货　　名：全棉弹力牛仔女裙

代理内容：代办报检手续、代缴检验检疫费、负责与检验检疫机构联系和验货、领取检
　　　　　验检疫证书

报检单位登记号：54890Q

联系人：方达 电话：65788877

报检日期：2010 年 5 月 22 日

贸易方式：一般贸易

用　　途：其他

随附单据：合同、信用证、发票、装箱单、厂检单

需要证单名称：品质证书 1 正 2 副

单　　价：USD 7.00 CIF LONDON

数　　量：18 000 件

包　　装：每条装入一胶袋，18 条不同尺码与颜色装入一出口纸箱

生产单位注册号：NT 045621

H.S.编码：6302.5900

收 货 人：MANDARS IMPORTS CO.，LTD.

装 运 地：上海港（SHANGHAI PORT）

目 的 地：伦敦（LONDON PORT）

3. 业务操作要求

根据有关信息正确填制报检委托书和出境货物报检单。

报 检 委 托 书

_____出入境检验检疫局：

　　本委托人郑重声明，保证遵守出入境检验检疫法律、法规的规定。如有违法行为，自愿接受检验检疫机构的处罚并负法律责任。

　　本委托人委托受委托人向检验检疫机构提交报检单和各种随附单据。具体委托情况如下：

本单位将于_____年____月间出口如下货物：

品　名		H.S 编码	
数（重）量		合同号	
信用证号		审批文件	
其他特殊要求			

特委托_____（单位/注册登记号），代理本公司办理下列出入境检验检疫事宜：

☐ 1. 办理代理报检手续；

☐ 2. 代缴检验检疫费；

☐ 3. 负责与检验检疫机构联系和验货；

☐ 4. 领取检验检疫证书；

☐ 5. 其他与报检有关的相关事宜。

请贵局按有关法律法规规定予以办理。

委托人（公章）：　　　　　　　　　　　　受委托人（公章）：

　　　　年　月　日　　　　　　　　　　　　　　年　月　日

中华人民共和国出入境检验检疫
出境货物报检单

报检单位(加盖公章):　　　　　　　　　　　　　　　　　　　　　* 编号:_____

报检单位登记号:　　　　　　　联系人:　　　　电话:　　　　报检日期:

发货人	(中文)					
	(外文)					
收货人	(中文)					
	(外文)					

货物名称(中/外文)	H.S.编码	产地	数/重量	货物总值	包装种类及数量

运输工具名称号码		贸易方式		货物存放地点	
合同号		信用证号		用途	
发货日期		输往国家(地区)		许可证/审批证	
启运地		到达口岸		生产单位注册号	

集装箱规格、数量及号码	

合同、信用证订立的检验检疫条款或特殊要求	标记及号码	随附单据(画"√"或补填)
		□ 合同　　　　　　□ 包装性能结果单 □ 信用证　　　　　□ 许可/审批文件 □ 发票　　　　　　□ □ 换证凭单　　　　□ □ 装箱单　　　　　□ □ 厂检单　　　　　□

需要证单名称(画"√"或补填)		* 检验检疫费	
□ 品质证书　____正____副 □ 重量证书　____正____副 □ 数量证书　____正____副 □ 兽医卫生证书　____正____副 □ 健康证书　____正____副 □ 卫生证书　____正____副 □ 动物卫生证书　____正____副	□ 植物检疫证书　____正____副 □ 熏蒸/消毒证书　____正____副 □ 出境货物换证凭单　____正____副	总金额 (人民币元)	
		计费人	
		收费人	

报检人郑重声明:	领取证单	
1. 本人被授权报检。 2. 上列填写内容正确属实,货物无伪造或冒用他人的厂名、标志、认证标志,并承担货物质量责任。 　　　　　　　签名:_____	日期	
	签名	

注:有"*"号栏由出入境检验检疫机关填写。　　　　　　◆国家出入境检验检疫局制

综合业务模拟操作

一、实训操作资料

卖　　方：广州纺织品进出口公司

　　　　　广州北京路 530 号

　　　　　TEL：(020)64043030　FAX：(020)64043031

买　　方：OLEARA IMPORT & EXPORT CORPORATION

　　　　　310 - 224 HOLA STREET MARSEILLE, FRANCE

合 同 号：ST071032

发票号码：GZT00021

装 运 港：广州

目 的 港：MARSELLE

出运日期：2010 年 7 月 31 日

货　　名：男式衬衫　Art No. 88(蓝色)、Art No. 44(黑色)

数　　量：Art No. 88(蓝色)3 000 件、Art No. 44 (黑色)3 000 件

包　　装：每 20 件装一只纸箱

重量体积：毛重为 20.2 千克/箱、净重为 20 千克/箱、尺码为 0.2 立方米/箱

价　　格：Art No. 88 每件 6.50 美元、Art No. 44 每件 7.00 美元 CIF MARSEILLE

信用证号：07/CB4578

唛　　头：由卖方指定

商品编码：6303.4500

投保单编号：TB0562311

日　　期：2007 年 7 月 28 日

保　　险：按发票金额 110% 投保中国人民保险公司海洋货物运输险一切险

船　　名：NANGXING　V. 086

保险单号：GZH061012

出入境检验检疫局名称：广州出入境检验检疫局

受托单位：广州国际货运代理公司

代理内容：代办报检手续、代缴检验检疫费、负责与检验检疫机构联系和验货、领取检
　　　　　验检疫证书

报检单位登记号：3265Q

联系人：王伟　电话：65788877

报检日期：2010 年 5 月 22 日

贸易方式：一般贸易

用　　途：其他

随附单据：合同、信用证、发票、装箱单、厂检单

需要证单名称：品质证书 1 正 2 副

生产单位注册号：10045621

货物存放地点：广州市丽三路 8 号

二、实训操作要求

1. 请你以广州纺织品进出口公司业务员王伟的身份，根据上述资料、销售合同书和信用证的有关内容填写投保单。

中保财产保险有限公司上海市分公司
The People's Insurance (Property) Company of China，Ltd.　Shanghai Branch

进出口货物运输保险投保单
Application From form I/E Marine Cargo Insurance

被保险人 Assured's Name			
发票号码(出口用)或合同号码(进口用) Invoice No. or Contract No.	包装数量 Quantity	保险货物项目 Description of Goods	保险金额 Amount Insured

装载运输工具＿＿＿＿＿　航次、航班或车号＿＿＿＿＿　开航日期＿＿＿＿＿
Per Conveyance　　　Voy. No.　　　　　Slg. Date

自＿＿＿＿至＿＿＿＿＿＿　转运地＿＿＿＿＿　赔款地＿＿＿＿＿
From　　　To　　　　　W/Tat　　　　Claim Payable at

承保险别：
Condition & /or
Special Coverage

投保人签章及公司名称、电话、地址：
Applicant's Signature and Co.'s Name，Add. And Tel. No.

备注：　　　　　　　　　投保日期：
Remarks　　　　　　　　Date

保险公司填写：　　　报单号：　　　费率：　　　核保人：

2. 请你以保险公司业务员方名的身份，根据上述资料、销售合同书和投保单的有关内容填写保险单。

中保财产保险有限公司
The People's Insurance (Property) Company of China，Ltd.

发票号码
Invoice No. TX 370

保险单号次
Policy No. SH 053101769

海 洋 货 物 运 输 保 险 单
MARINE CARGO TRANSPORTATION INSURANCE POLICY

被保险人
Insured：

中保财产保险有限公司（以下简称本公司）根据被保险人的要求，及其所缴付约定的保险费，按照本保险单承担的险别和背面所载条款与下列特别条款承保下列货物运输保险，特签发本保险单。

This policy of Insurance witnesses that The People's Insurance (Property) Company of China，Ltd. (hereinafter called "The Company")，at the request of the Insured and consideration of the premium paid by the Insures，undertakes to insure the under-mentioned goods in transportation subject to the condition of this Policy as per the Clauses printed overleaf and other special clauses attached hereon.

保险货物项目 Descriptions of Goods	包装 Parking	单位 Unit	数量 Quantity	保险金额 Amount Insured

承保险别
Condition

货物标记
Marks of Goods

总保险金额：
Total Amount Insured：

保费 Premium	As arranged	运输工具 Per conveyance S. S.		开航日期： Slg. On or abt

启运港
From

目的港
To

所保货物，如发生本保险单项下可能引起索赔的损失或损坏，应立即通知本公司下述代理人查勘。如有索赔，应向本公司提交保险单正本（本保险单共有____份正本）及有关文件。如一份正本已用于索赔，则其余正本自动失效。

In the event of loss or damage which may result in a claim under this Policy，immediate notice must be given to the Company's Agent as mentioned hereunder. Claims，if any，one of the Original Policy which has been issued in ____ Original (s) together with the relevant documents shall be surrendered to the Company，If one of the Original Policy has been accomplished，the others to be void.

中保财产保险有限公司
THE PEOPLE'S INSURANCE（PROPERTY）COMPANY OF CHINA，LTD.

赔款偿付地点
Claim payable at

日期
Date 在 at General Manager：

地址：
Address：

3. 请你以广州纺织品进出口公司业务员王伟的身份，根据上述资料、销售合同书和信用证的有关内容填写报检委托书。

报 检 委 托 书

_____出入境检验检疫局：

本委托人郑重声明，保证遵守出入境检验检疫法律、法规的规定。如有违法行为，自愿接受检验检疫机构的处罚并负法律责任。

本委托人委托受委托人向检验检疫机构提交报检单和各种随附单据。具体委托情况如下：

本单位将于_____年_____月间出口如下货物：

品　　名		H.S编码	
数(重)量		合同号	
信用证号		审批文件	
其他特殊要求			

特委托_____（单位/注册登记号），代理本公司办理下列出入境检验检疫事宜：

☐ 1. 理代理报检手续；

☐ 2. 代缴检验检疫费；

☐ 3. 负责与检验检疫机构联系和验货；

☐ 4. 领取检验检疫证书；

☐ 5. 其他与报检有关的相关事宜。

请贵局按有关法律法规规定予以办理。

委托人(公章)：　　　　　　　　　　　受委托人(公章)：

　年　月　日　　　　　　　　　　　　　年　月　日

4. 请你以广州纺织品进出口公司业务员王伟的身份,根据上述资料、销售合同书和信用证的有关内容填写出境货物报检单。

中华人民共和国出入境检验检疫
出境货物报检单

报检单位(加盖公章):　　　　　　　　　　　　　　　　　* 编号:_____

报检单位登记号:　　　　　　　联系人:　　　电话:　　　报检日期:

发货人	(中文)					
	(外文)					
收货人	(中文)					
	(外文)					
货物名称(中/外文)	H.S.编码	产地	数/重量		货物总值	包装种类及数量

运输工具名称号码		贸易方式		货物存放地点	
合同号		信用证号			用途
发货日期		输往国家(地区)		许可证/审批证	
启运地		到达口岸		生产单位注册号	
集装箱规格、数量及号码					

合同、信用证订立的检验检疫条款或特殊要求	标记及号码	随附单据(画"√"或补填)	
		□ 合同　　　　　　□ 包装性能结果单	
		□ 信用证　　　　　□ 许可/审批文件	
		□ 发票　　　　　　□	
		□ 换证凭单　　　　□	
		□ 装箱单　　　　　□	
		□ 厂检单　　　　　□	

需要证单名称(画"√"或补填)		* 检验检疫费	
□ 品质证书　　____正____副	□ 植物检疫证书　　____正____副	总金额(人民币元)	
□ 重量证书　　____正____副	□ 熏蒸/消毒证书　　____正____副		
□ 数量证书　　____正____副	□ 出境货物换证凭单　____正____副		
□ 兽医卫生证书　____正____副		计费人	
□ 健康证书　　____正____副		收费人	
□ 卫生证书　　____正____副			
□ 动物卫生证书　____正____副			

报检人郑重声明:	领取证单	
1. 本人被授权报检。		
2. 上列填写内容正确属实,货物无伪造或冒用他人的厂名、标志、认证标志,并承担货物质量责任。	日期	
签名:_____	签名	

注:有"＊"号栏由出入境检验检疫机关填写。　　　　◆国家出入境检验检疫局制

项目六

出口合同履行——办理报关、装运

实训要求

- 了解出口货物报关的程序及内容。
- 熟悉货物装船的程序及内容。
- 掌握代理报关委托书/委托报关协议、报关单的缮制方法。
- 掌握提单和装运通知的缮制方法。

业务操作背景

南京进出口公司取得出境货物报检单后，根据我国海关法律的有关规定，填写报关委托书和出口货物报关单，并随附相关单据委托货运代理公司办理报关手续，也可由公司自行办理。出口货物经海关查验放行后，由船公司安排装船，货运代理公司负责监装。装船后，南京进出口公司收到已装船清洁提单时，向进口商发出装运通知。

工作任务一　办理出口货物报关手续

一、实训操作指南

1. 操作流程

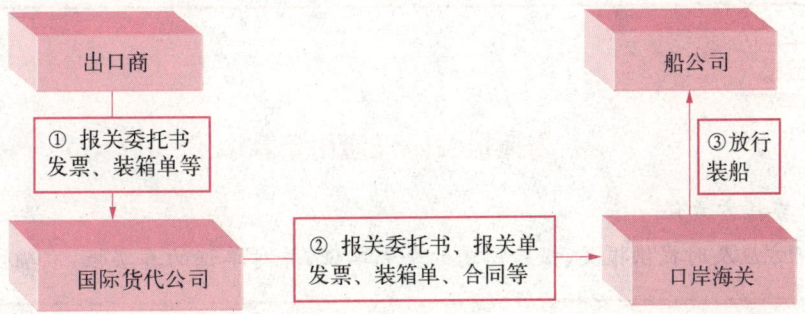

评析

- 出口商在货物装运前委托货运代理公司代理报关,填写报关委托书,并随附商业发票、装箱单和合同等有关单据。
- 货运代理公司填写报关单,随附有关单据向海关报关。
- 船公司凭盖有放行章场站收据装船,并签发提单。

2. 操作要点

(1) 代理报关委托书/委托报关协议缮制要点

① 委托对象

由委托方在"＿＿＿"中填写受理该业务的报关公司或国际货运代理公司的名称。

② 委托方式

由委托方根据本公司业务情况选择逐票或长期委托,在空白处注明方式。

③ 委托内容

由委托方根据业务在 A、B、C、D、E、F、G、H 中选择委托代理报关项目,并在空白处注明。

④ 委托书有效期

由委托方根据逐票或长期的委托方式进行决定。

⑤ 其他要求:

委托方如对代理业务有其他要求,可在此注明。

⑥ 被委托方

由被委托方缮制受理该代理业务的报关公司或国际货运代理公司的名称。

⑦ 报关单编码

此栏留空。

⑧ 收到单证情况

由被委托方根据收到单据的名称,在其前的"□"内画"√"。

⑨ 报关收费

由被委托方按约定费用缮制。

⑩ 承诺说明

由被委托方在此栏缮制保证文句。

相关链接 ➡

委托报关协议通用条款

一、委托方责任

委托方应及时提供报关、报检所需的全部单证,并对单证的真实性、准确性和完整

（续上）

性负责。

委托方负责在报关企业办结海关手续后,及时履约支付代理报关费用,支付垫支费用,以及因委托方责任产生的滞报金、滞纳金和海关等执法单位依法处以的各种罚款。

负责按照海关要求将货物运抵指定场所。

负责与被委托方报关员一同协助海关进行查验,回答海关的询问,配合相关调查,并承担产生的相关费用。

在被委托方无法做到报关前提取货样的情况下,承担单货相符的责任。

二、被委托方责任

负责解答委托方有关向海关申报的疑问。

负责对委托方提供的货物情况和单证的真实性、完整性进行合理审查。审查包括以下内容:

（1）证明进出口货物实际情况的资料,包括进出口货物的品名、规格、用途、产地、贸易方式等。

（2）有关进出口货物的合同、发票、运输单据、装箱单等商业单据。

（3）进出口所需的许可证件及随附单证。

（4）海关要求的加工贸易（纸质或电子数据的）及其他进出口单证。

因确定货物的品名、归类等原因,经海关批准,可以看货或提取货样。

在接到委托方交付齐备的随附单证后,负责依据委托方提供的单证,按照《中华人民共和国海关进出口报关单填制规范》认真填制报关单,承担单单相符的责任,在海关规定和本委托报关协议中约定的时间内报关,办理海关手续。

负责及时通知委托方共同协助海关进行查验,并配合海关开展相关调查。

负责支付因报关企业的责任给委托方造成的直接经济损失,所产生的滞报金、滞纳金和海关等执法单位依法负责在本委托书约定的时间内将办结海关手续的有关委托内容的单证、文件交还委托方或其指定的人员（详见"委托报关协议""其他要求"栏）。

赔偿原则:被委托方不承担因不可抗力给委托方造成损失的责任。因其他过失造成的损失,由双方自行约定或按国家有关法律、法规的规定办理。由此造成的风险,委托方可以投保方式自行规避。

不承担的责任:签约双方各自不承担因另外一方原因造成的直接经济损失,以及滞报金、滞纳金和相关罚款。

收费原则:一般货物报关收费原则上按当地《报关行业收费指导价格》规定执行。特殊商品可由双方另行商定。

法律强制:本"委托报关协议"的任一条款与《海关法》及有关法律、法规不一致时,应以法律、法规为准。但不影响"委托报关协议"其他条款的有效。

（续上）

协商解决事项：变更、中止本协议或双方发生争议时，按照《中华人民共和国合同法》有关规定及程序处理。因签约双方以外的原因产生的问题或报关业务需要修改协议条款，应协商订立补充协议。双方可以在法律、行政法规准许的范围内另行签署补充条款，但补充条款不得与本协议的内容相抵触。

（2）报关单缮制要点

① 备案号

如为一般贸易，本栏留空。加工贸易填报"进料加工登记手册"、"出口货物免税证明"或其他有关备案审批文件的编号。

② 申报日期

发货人办理货物出口报关手续的日期，年为4位，月、日各2位。

③ 经营单位

本栏应填报出口企业中文名称及单位编码（10位数字）。

④ 提运单号

本栏填报出口货物提单或运单编号，一票货物多个提运单时，应分单填写。

⑤ 征免性质

本栏按海关核发的"征免税证明"中批注的征免性质或海关规定的"征免性质代码表"填报相应的征免性质简称或其代码，如"一般征税101"。

⑥ 批准文号

本栏应填报"出口收汇核销单"的编号。

⑦ 运费

本栏按成交价格中含有的国际运输费用的金额和货币代码填写。比如，"502/1100/3"，其意是总运费为1 100美元（"1"表示运费率，"2"表示运费单价，"3"表示运费总价）。

⑧ 保费

本栏填报该批出口货物运输的保险费用和货币代码。比如，10 000港元保险费总价应填为"110/10 000/3"（"1"表示保险费率，"3"表示保险费总价）。

⑨ 随附单据

本栏应填写与出口货物报关单一并向海关递交的单证的名称与代码，但合同、发票和装箱单等必备的随附单证可不填。

⑩ 征免方式

本栏按海关核发的"征免税证明"和征减免税方式的代码填写，如"全免3"。

（3）海运提单缮制要点

① 托运人（Shipper）

托运人又称发货人，托收项下为合同卖方，信用证项下通常是信用证受益人。如信用证无具体规定,可以第三方为托运人。本栏应包括托运人的全称和地址,如信用证无规定,地址可省略。

②收货人(Consignee)

托收项下填"To order"或"To order of shipper"。信用证方式下应按信用证规定缮制。

③被通知人

被通知人是收货人的代理人,托收项下的提单可填合同的买方,信用证方式下,应按信用证要求填制。如信用证未作规定,为确保单证一致,本栏可留空,但提交给船公司的副本必须详细记载被通知人全称、地址和电话等。

④首程运输工具(Pre-carriage by)

如货物需转运,本栏填入第一程船名。无需转运,可留空不填。

⑤收货地点(Place of Receipt)

如货物需转运,缮制收货港名称。无需转运,此栏可留空。

⑥装运港(Port of Loading)

托收项下,应按合同规定填制。信用证支付方式条件下,应符合信用证要求。如果信用证笼统规定为"Chinese Port",本栏则填具体港口名称。

⑦卸货港(Port of Discharge)

卸货港一般是目的港。信用证支付方式下,应按来证规定填制。如卸货港有两个以上选择港(例,London/Hamburg/Rotterdam)只能选择其中一个港口名称;如中途转运,应填转船地名。

⑧最后目的港(Final Destination)

本栏为当次运输的运费截止地。在货物直达运输条件下,目的港就是卸货港,此栏可不填。

⑨提单正本份数(Number of Original Bs/L)

承运人一般签发提单正本两份,也可应收货人的要求签发两份以上,本栏应用英文大写注明(如 TWO、THREE)。每份正本提单效力相同,如其中一份提货,其他各份均为失效。

⑩运费和费用(Freight and Charge)

除非信用证特别规定以外,本栏只填运费是否支付情况。CIF 和 CFR 条件下填"Freight Paid"或"Freight Prepaid";FOB 与 FAS 条件下,填"Freight Collect";全程租船运输时,填"As Arranged"。

(4)海运提单确认要点

①海运提单确认的依据

海运提单确认的依据主要是订舱委托书、贸易合同和信用证有关规定或内容。

②海运提单确认的内容

海运提单确认的内容主要是:托运人、被通知人的全称和地址;收货人的表述;船名航次号、装运港与卸货港名称;提单正本份数;包装件数;运费和费用是否为"Freight Paid"或"Freight Prepaid";签单地点和日期。

③海运提单的确认形式

根据订舱委托书、贸易合同和信用证有关规定或内容,重点审核上述内容,如有错误必须提出修改,如果正确无误,在提单确认件上签章表示同意,并对其承担责任。

（5）装运通知缮制要点

装运通知的格式与内容没有统一规定，通常根据提单的内容进行缮制，其内容主要包括：货物名称、总箱数、货物总毛重、船名、航次、提单号、装船日期、装运港与目的港等，其缮制方法与提单相同。装运通知缮制后，通常需要签章。

3. 操作实例

南京进出口公司取得出境货物通关单后，根据我国海关法律的有关规定，提供已缮制的报关委托书和出口货物报关单，并随附相关单据委托中胜国际货运代理公司办理报关手续。

（1）徐永发先生填写代理报关委托书及委托报关协议

代理报关委托书

编号：2231458800540

<u>南京中胜国际货运代理公司</u>：

我单位现 A（A. 逐票　B. 长期）委托贵公司代理 A，B 等通关事宜，（A. 填单申报　B. 辅助查验　C. 垫缴税款　D. 办理海关证明联　E. 审批手册　F. 核销手册　G. 申办减免税手续　H. 其他）详见"委托报关协议"。

我单位保证遵守《海关法》和国家有关法规，保证所提供的情况真实、完整、单货相符。否则，愿承担相关法律责任。

本委托书有效期自签字之日起至 2010 年 6 月 1 日止。

委托方（盖章）：

法定代表人或其授权签署《代理报关委托书》的人（签字）：徐永发

2010 年 5 月 20 日

委托报关协议

为明确委托报关具体事项和各自责任，双方经平等协商签订协议如下：

委托方	南京进出口公司	被委托方	上海中胜货运代理公司	
主要货物名称	电动钻头	*报关单编码	No.	
H. S. 编码	8204.1100	收到单证日期	2010 年 5 月 20 日	
货物总价	USD 7 200.00	收到单证情况	合同☑	发票☑
进出口日期	2010 年 5 月 30 日		装箱清单☑	提（运）单□
提单号			加工贸易手册□	许可证件□
贸易方式	一般贸易		其他	
原产地/货源地	南京	报关收费	人民币	元
其他要求：		承诺说明：		
背面所列通用条款是本协议不可分割的一部分，对本协议的签署构成了对背面通用条款的同意。		背面所列通用条款是本协议不可分割的一部分，对本协议的签署构成了对背面通用条款的同意。		
委托方业务签章： 经办人签章： 联系电话：025 - 23500	2010 年 5 月 20 日	被委托方业务签章： 经办报关员签章：李明 联系电话：025 - 56987666	南京中胜国际货运代理公司 2010 年 5 月 20 日	

（白联：海关留存、黄联：被委托方留存、红联：委托方留存）　中国报关协会监制

（2）徐永发先生填写出口货物报关单

中华人民共和国海关出口货物报关单

预录入编号： 海关编号：

出口口岸 南京海关 2303	备案号		出口日期 2010 年 5 月 30 日	申报日期 2010 年 5 月 22 日
经营单位（0487124888） 南京进出口公司	运输方式 江海运输	运输工具名称 DONGFANG V.190	提运单号	
发货单位 南京进出口公司	贸易方式 一般贸易	征免性质 一般征税	结汇方式 信用证	
许可证号	运抵国（地区） 新加坡	指运港 新加坡	境内货源地 南京	
批准文号	成交方式 CIF	运费 520/430/3	保费 520/370/3	杂费
合同协议号 TXT 200710	件数 180	包装种类 箱	毛重（千克） 450	净重（千克） 350
集装箱号	随附单据 B：070510		生产厂家 南京电动工具厂	

标记唛码及备注 JIM
TXT 200710
SINGAPORE
C/NO.：1-180

项号	商品编号	商品名称、规格型号	数量及单位	最终目的国（地区）	单价	总价	币制	征免
	82041100	电动钻头		新加坡			502	照章
01			1 800 件 350 KGS		4.00	7 200.00		

税费征收情况

录入员	录入单位 3121042266 徐永发	兹声明以上申报无讹并承担法律责任。 申报单位（章） 南京进出口贸易公司 报关专用章	海关审单批注及放行日期（签章）	
报关员			审单	审价
单位地址 南京市中山路 1321 号			征税	统计
邮编 312453 电话 23501111	填制日期 2010 年 5 月 22 日		查验	放行

二、实训操作

1. 业务操作背景

上海永胜进出口公司(注册号 3104871248)取得出境货物通关单后,根据我国海关法律的有关规定,提供已缮制的报关委托书和出口货物报关单,并随附相关单据委托金友国际货运代理公司办理报关手续。

2. 业务操作资料

被委托方:金友国际货运代理公司

委托方式:逐票

委托内容:填单申报、辅助查验

委托书有效期:2010 年 6 月 1 日止

收到单证:合同、发票、装箱单

货　　名:全棉弹力牛仔女裙

数　　量:18 000 件

单　　价:USD 7. 00 CIF LONDON

包装箱数:1 000 箱、2 个 40 英尺高箱(TEXU 2014938213、TEXU 2014938432)

重量体积:毛重 5 000 千克、体积 100 立方米

H. S. 编码:6302.5900

贸易方式:一般贸易

装 运 地:上海港(SHANGHAI PORT)

目 的 地:伦敦(LONDON PORT)

生产单位:南通服装有限公司　电话 0513 - 8836420

运　　费:2 800 美元

保 险 费:1 900 美元

出运日期:2010 年 5 月 30 日

出口口岸:吴淞海关 2202

3. 业务操作要求

根据有关信息正确缮制代理报关委托及委托报关协议、出口货物报关单。

代理报关委托书

编号：

_____：

　　我单位现　　（A. 逐票　B. 长期）委托贵公司代理　　等通关事宜（A. 填单申报　B. 辅助查验　C. 垫缴税款　D. 办理海关证明联　E. 审批手册　F. 核销手册　G. 申办减免税手续　H. 其他），详见"委托报关协议"。

　　我单位保证遵守《海关法》和国家有关法规，保证所提供的情况真实、完整、单货相符。否则，愿承担相关法律责任。

　　本委托书有效期自签字之日起至　　　年　　月　　日止。

委托方（签章）：

法定代表人或其授权签署《代理报关委托书》的人（签字）：

年　月　日

委托报关协议

为明确委托报关具体事项和各自责任，双方经平等协议商定协议如下：

委托方		被委托人		
主要货物名称		＊报关单编号	No.	
H. S. 编码		收到单证日期		
进出口日期		收到单证情况	合同□	发票□
提单号			装箱清单□	提（运）单□
贸易方式			加工贸易手册□	许可证件□
原产地/货源地			其他	
传真号码		报关收费	人民币：	元

其他要求：	承诺说明：
背面所列通用条款是本协议不可分割的一部分，对本协议的签署构成了对背面条款的同意。	背面所列通用条款是本协议不可分割的一部分，对本协议的签署构成了对背面条款的同意。
委托方业务签章：	被委托方业务签章：
经办人签章： 联系电话：　　　年　月　日	经办报关员签章： 联系电话：　　　　　年　月　日

（白联：海关留存、黄联：被委托方留存、红联：委托方留存）　　　　中国报关协会监制

中华人民共和国海关出口货物报关单

预录入编号：   海关编号：

出口口岸		备案号		出口日期		申报日期	
经营单位		运输方式		运输工具名称		提运单号	
发货单位		贸易方式		征免性质		结汇方式	
许可证号		运抵国(地区)		指运港		境内货源地	
批准文号		成交方式		运费		保费	杂费
合同协议号		件数		包装种类	毛重(千克)	净重(千克)	
集装箱号		随附单据			生产厂家		

标记唛码及备注

项号	商品编号	商品名称、规格型号	数量及单位	最终目的国(地区)	单价	总价	币制	征免

税费征收情况

录入员 录入单位	兹声明以上申报无讹并承担法律责任。	海关审单批注及放行日期(签章)
		审单 审价
报关员 单位地址	申报单位(签章)	征税 统计
		查验 放行
邮编 电话	填制日期	

工作任务二　发出装运通知

一、实训操作指南

1. 操作要点

（1）缮制装运通知的要点

① 抬头人

填写抬头人时，应按信用证的具体要求。

抬头人可以是承保该笔货物的保险公司、信用证申请人，还可以是信用证规定的其他抬头人。

② 相关单据的编号

这主要包括信用证号码和开证行名称，发票号码、日期。

③ 装船情况

这包括装运港名称、目的港名称、信用证号码和开证银行名称。

④ 货物内容

这应与发票、提单等单据的内容一致。应特别注意发票金额，它是计算投保金额和保险费的基础。

⑤ 签署

这应由单据的出具人或负责人签字。

（2）发送装运通知的时间与方式

装运通知的发送时间应该是在出口货物装船后 24 小时之内，但在实际业务操作中，货物装船时就向进口商发送装运通知。其发送的方式通常采用传真、电子邮件等快捷的通讯手段。

2. 操作实例

南京进出口公司在货物装船后，凭收货单换取船公司签发的海运提单。此时，徐永发先生缮制装运通知，用传真发出，及时告知进口商有关货物的运输情况。

（1）南京进出口公司收到海运提单

Shipper NANJING IMPORT & EXPORT CORP. 1321 ZHONGSHAN ROAD NANJING CHINA		B/L NO.　HJSHBI 1520876　　*ORIGINAL* 中 国 对 外 贸 易 运 输 总 公 司 CHINA NATIONAL FOREIGN TRADE TRANSPORT CORPORATION 直 运 或 转 船 提 单 BILL OF LADING DIRECT OR WITH TRANSHIPMENT		
Consignee or order TO ORDER OF SHIPPER		SHIPPED on board in apparent good order and condition（unless otherwise indicated）the goods or packages specified herein and to be discharged or the mentioned port of discharge of as near there as the vessel may safely get and be always afloat. 　　THE WEIGHT, measure, marks and numbers quality, contents and value, being particulars furnished by the Shipper, are not checked by the Carrier on loading. 　　THE SHIPPER, Consignee and the Holder of this Bill of Lading hereby expressly accept and agree to all printed, written or stamped provisions, exceptions and conditions of this Bill of Loading, including those on the back hereof. 　　IN WITNESS where of the number of original Bill of Loading stated below have been signed, one of which being accomplished, the other(s) to be void.		
Notify address JIM KING IMPORT & EXPORT CORP. NO. 206 CHANGJ NORTH STREET SINGAPORE				
Pre-carriage by	Port of loading NANJING			
Vessel DONGFANG V. 190	Port of transshipment			
Port of discharge SINGAPORE	Final destination			
Container Seal No. or marks and Nos.	Number and kind of packages Designation of goods	Gross weight（kgs.）		Measurement（m³）
JIM TXT200710 SINGAPORE C/NO.：1 - 180	ELECTRIC DRILL SAY ONE HUNDRED AND EIGHTY CARTONS ONLY TOTAL ONE 20' CONTAINER CFS TO CFS FREIGHT PREPAID	450 KGS		26. 7 CBM
REGARDING TRANSHIPMENT INFORMATION PLEASE CONTACT			Freight and charge FRIGHT PREPAID	
Ex. rate	Prepaid at	Fright payable at NANJING	Place and date of issue NANJING MAY 30, 2010	
	Total prepaid	Number of original Bs/L THREE	Signed for or on behalf of the master as agent　　　丁毅	

（2）徐永发先生缮制装运通知

NANJING IMPORT & EXPORT CORP.
1321 ZHONGSHAN ROAD NANJING, CHINA
SHIPPING ADVICE

TEL：025 - 23501111

FAX：025 - 23502222

INV NO.：TX 370

S/C NO.：TXT 200710

L/C NO.：XT 370

DATE：MAY 20，2010

TO MESSRS：

　　JIM KING IMPORT & EXPORT CORP.

　　NO. 206 CHANGJ NORTH STREET, SINGAPORE

DEAR SIRS：

　　WE HEREBY INFORM YOU THAT THE GOODS UNDER THE ABOVE MENTIONED CREDIT HAVE BEEN SHIPPED. THE DETAILS OF THE SHIPMENT ARE STATED BELOW.

COMMODITY：	ELECTRIC DRILL	SHIPPING MARKS
NUMBER OF CTNS：	180 CARTONS	JIM
TOTAL GROSS WEIGHT：	450KGS	SINGAPORE
OCEAN VESSEL：	DONGFANG V. 190	TXT 200710
B/L NO.：	HJSHBI 1520876	C/NO. 1 - 180
PORT OF LOADING：	NANJING	
DATE OF DEPARTURE：	MAY 30, 2010	
DESTINATION：	SINGAPORE PORT	

NANJING IMPORT & EXPORT CORP.
徐永发

二、实训操作

1. 业务操作背景

上海永胜进出口公司在出口货物经海关查验放行后，由船公司安排装船，金友国际货运代理公司负责监装。上海永胜进出口公司在货物装船后，对船公司签发的海运提单予以确认。提单经确认无误后，用传真向进口商发出装运通知，及时告知有关货物的运输情况。

2. 业务操作资料

合　同　号：TXT 200710

信用证号：XT 370

发票号码：TX 370

货　　名：全棉弹力牛仔女裙

收　货　人：MANDARS IMPORTS CO.，LTD.

包装箱数：1 000 箱（2 个 40 英尺高箱）

重量体积：毛重 5 000 千克、体积 100 立方米

船名航次：DONANG V. 110

开航日期：2010 年 5 月 30 日

起讫地点：上海至伦敦

提单号码：HJSHBI 1520876

提单份数：3 份

3. 业务操作要求

根据有关信息确认船公司签发提单，并正确缮制装运通知。

（1）确认船公司签发的海运提单

Shipper SHANHAI YONGSHENG IMP & EXP CO.， 21WEST ZHONGSHAN ROAD SHANGHAI CHINA		B/L NO. HJSHBI 1520876　　　*ORIGINAL* 中国对外贸易运输总公司 CHINA NATIONAL FOREIGN TRADE TRANSPORT CORPORATION 直运或转船提单 BILL OF LADING DIRECT OR WITH TRANSHIPMENT		
Consignee or order TO ORDER OF SHIPPER		SHIPPED on board in apparent good order and condition（unless otherwise indicated）the goods or packages specified herein and to be discharged or the mentioned port of discharge of as near there as the vessel may safely get and be always afloat. 　THE WEIGHT, measure, marks and numbers quality, contents and value, being particulars furnished by the Shipper, are not checked by the Carrier on loading. 　THE SHIPPER, Consignee and the Holder of this Bill of Lading hereby expressly accept and agree to all printed, written or stamped provisions, exceptions and conditions of this Bill of Loading, including those on the back hereof. 　IN WITNESS where of the number of original Bill of Loading stated below have been signed, one of which being accomplished, the other(s) to be void.		
Notify address MANDARS IMPORTS CO.，LTD. 38 QUEENSWAY，2008UK				
Pre-carriage by	Port of loading SHANGHAI			
Vessel DONANG V. 110	Port of transshipment			
Port of discharge LONDON	Final destination			
Container Seal No. or marks and Nos.	Number and kind of packages Designation of goods	Gross weight（kgs.）		Measurement（m³）
MANDARS TXT 200710 LONDON C/NO.：1－1000	LADIES DENIM SKIRT SAY ONE THOUSAND CARTONS ONLY TOTALTWO 40' CONTAINER TEXU2014938213、 TEXU2014938432 CY TO CY FREIGHT PREPAID	5 000 KGS		100 CBM
REGARDING TRANSHIPMENT INFORMATION PLEASE CONTACT		Freight and charge FREIGHT PREPAID		
Ex. rate	Prepaid at	Fright payable at SHANGHAI	Place and date of issue SHANGHAI MAY 30，2010	
	Total prepaid	Number of original Bs/L THREE	Signed for or on behalf of the master as agent　　王毅	

（2）缮制装运通知

SHIPPING ADVICE

TEL: _____   INV NO. : _____

FAX: _____   S/C NO. : _____

                                                 L/C NO. : _____

TO MESSRS: DATE: _____

DEAR SIRS:

　　WE HEREBY INFORM YOU THAT THE GOODS UNDER THE ABOVE MENTIONED CREDIT
HAVE BEEN SHIPPED. THE DETAILS OF THE SHIPMENT ARE STATED BELOW.

COMMODITY: SHIPPING MARKS:

NUMBER OF CTNS: _____

TOTAL GROSS WEIGHT: _____

OCEAN VESSEL: _____

B/L NO. : _____

PORT OF LOADING: _____

DATE OF DEPARTURE: _____

DESTINATION: _____

综合业务模拟操作

一、实训操作资料

卖　　　方：广州纺织品进出口公司(海关注册代码 3048712481)

　　　　　　广州北京路 530 号

　　　　　　TEL：(020)64043030　FAX：(020)64043031

买　　　方：OLEARA IMPORT & EXPORT CORPORATION

　　　　　　310 - 224 HOLA STREET MARSEILLE, FRANCE

合　同　号：ST 071032

发票号码：GZT 00021

信用证号：07/CB 4578

货　　　名：男式衬衫　Art No. 88(蓝色)、Art No. 44(黑色)

数　　　量：Art No. 88(蓝色)3 000 件、Art No. 44 (黑色)3 000 件

价　　　格：Art No. 88 每件 6.50 美元、Art No. 44 每件 7.00 美元 CIF MARSEILLE

委托书编号：3106824541

被委托方：广州国际货运代理公司(负责人赵峡)

委托方式：逐票

委托内容：填单申报、辅助查验、垫缴税款

委托书有效期：2010 年 8 月 10 日止

收到单证日期：2010 年 7 月 2 日

收到单证名称：合同、发票、装箱清单

包　　　装：每 20 件装一只纸箱

重量体积：毛重为 20.2 千克/箱、净重为 20 千克/箱、尺码为 0.2 立方米/箱

唛　　　头：由卖方指定

装　运　港：广州

目　的　港：MARSELLE

出运日期：2010 年 7 月 31 日

提单份数：3 份

提单号码：COCS06 - 11861

商品编码：6303.4500

运　　　费：1 800 美元

保　险　费：1 200 美元

船　　　名：NANGXING V. 086

出口口岸：广州海关 5100

生产单位：广州纺织品进出口公司　电话020－64043030

二、实训操作要求

1. 请你以广州纺织品进出口公司业务员王伟的身份，根据上述资料缮制代理报关委托书、委托报关协议和出口货物报关单。

代理报关委托书

编号：

_____：

　　我单位现　　（A. 逐票　B. 长期）委托贵公司代理　　等通关事宜，（A. 填单申报　B. 辅助查验　C. 垫缴税款　D. 办理海关证明联　E. 审批手册　F. 核销手册　G. 申办减免税手续　H. 其他）详见"委托报关协议"。

　　我单位保证遵守《海关法》和国家有关法规，保证所提供的情况真实、完整、单货相符。否则，愿承担相关法律责任。

　　本委托书有效期自签字之日起至　　年　　月　　日止。

委托方（签章）：

法定代表人或其授权签署《代理报关委托书》的人（签字）：

年　　月　　日

委托报关协议

为明确委托报关具体事项和各自责任，双方经平等协议商定协议如下：

委托方		被委托人		
主要货物名称		*报关单编号	No.	
H. S. 编码		收到单证日期		
进出口日期		收到单证情况	合同□	发票□
提单号			装箱清单□	提（运）单□
贸易方式			加工贸易手册□	许可证件□
原产地/货源地			其他	
传真号码		报关收费	人民币　　　　元	
其他要求：		承诺说明：		
背面所列通用条款是本协议不可分割的一部分，对本协议的签署构成了对背面条款的同意。		背面所列通用条款是本协议不可分割的一部分，对本协议的签署构成了对背面条款的同意。		
委托方业务签章：		被委托方业务签章：		
经办人签章： 联系电话：　　　年　月　日		经办报关员签章： 联系电话：　　　年　月　日		

（白联：海关留存、黄联：被委托方留存、红联：委托方留存）　　　　中国报关协会监制

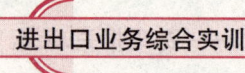

中华人民共和国海关出口货物报关单

预录入编号：　　　　　　　　　　　　　　　　　　　　　海关编号：

出口口岸		备案号		出口日期		申报日期
经营单位		运输方式	运输工具名称		提运单号	
发货单位		贸易方式		征免性质		结汇方式
许可证号		运抵国(地区)		指运港		境内货源地
批准文号		成交方式	运费		保费	杂费
合同协议号		件数	包装种类		毛重(千克)	净重(千克)
集装箱号		随附单据			生产厂家	

标记唛码及备注

项号	商品编号	商品名称、规格型号	数量及单位	最终目的国(地区)	单价	总价	币制	征免

税费征收情况

录入员　　　录入单位	兹声明以上申报无讹并承担法律责任。	海关审单批注及放行日期(签章)	
报关员 单位地址	申报单位(签章)	审单	审价
		征税	统计
邮编　　　电话	填制日期	查验	放行

2. 请你以船公司夏霞的身份，根据上述资料缮制海运提单。

Shipper	B/L NO.　　　　　*ORIGINAL*
	中 国 对 外 贸 易 运 输 总 公 司 CHINA NATIONAL FOREIGN TRADE TRANSPORT CORPORATION 直 运 或 转 船 提 单 BILL OF LADING DIRECT OR WITH TRANSHIPMENT

Consignee or order	SHIPPED on board in apparent good order and condition（unless otherwise indicated）the goods or packages specified herein and to be discharged or the mentioned port of discharge of as near there as the vessel may safely get and be always afloat.
Notify address	THE WEIGHT, measure, marks and numbers quality, contents and value, being particulars furnished by the Shipper, are not checked by the Carrier on loading.

Pre-carriage by	Port of loading	THE SHIPPER, Consignee and the Holder of this Bill of Lading hereby expressly accept and agree to all printed, written or stamped provisions, exceptions and conditions of this Bill of Loading, including those on the back hereof.
Vessel	Port of transshipment	
Port of discharge	Final destination	IN WITNESS where of the number of original Bill of Loading stated below have been signed, one of which being accomplished, the other(s) to be void.

Container Seal No. or marks and Nos.	Number and kind of packages Designation of goods	Gross weight（kgs.）	Measurement（m³）

REGARDING TRANSHIPMENT INFORMATION PLEASE CONTACT		Freight and charge	

Ex. rate	Prepaid at	Fright payable at	Place and date of issue
	Total prepaid	Number of original Bs/L	Signed for or on behalf of the master as agent

3. 请你以广州纺织品进出口公司业务员王伟的身份，根据上述资料缮制装运通知。

GUANGZHOU TEXTILE IMPORT & EXPORT CORPORATION

530 BEIJING ROAD GUANGZHOU, CHINA

SHIPPING ADVICE

TEL: _____   INV NO. : _____

FAX: _____   S/C NO. : _____

                    L/C NO. : _____

TO MESSRS: _____   DATE: _____

DEAR SIRS:

    WE HEREBY INFORM YOU THAT THE GOODS UNDER THE ABOVE MENTIONED CREDIT HAVE BEEN SHIPPED. THE DETAILS OF THE SHIPMENT ARE STATED BELOW.

COMMODITY: _____   SHIPPING MARKS:

NUMBER OF CTNS: _____

TOTAL GROSS WEIGHT: _____

OCEAN VESSEL: _____

B/L NO. : _____

PORT OF LOADING: _____

DATE OF DEPARTURE: _____

DESTINATION: _____

                                           _____

项目七

出口合同履行——办理出口结汇、核销与退税

实训要求

- 了解出口结汇的程序及内容。
- 熟悉出口收汇核销与出口退税的程序及内容。
- 掌握汇票的缮制方法。
- 掌握核销单、出口收汇说明的缮制方法。
- 掌握外贸企业出口货物退税汇总申报表的缮制方法。

业务操作背景

　　南京进出口公司在获取海运提单并发出装运通知后,根据销售合同确认书与信用证的相关规定进行交单议付。银行结汇后,南京进出口公司持经海关签章的收汇核销专用联、结水单或收账通知及报关单到外汇管理局办理核销。核销完毕后,持有关单证到国家税务局办理出口退税手续。

工作任务一　办理出口结汇手续

一、实训操作指南

1. 操作流程

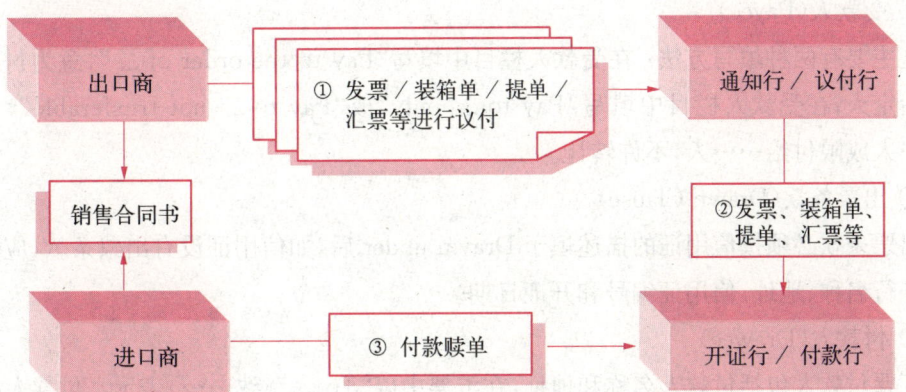

评析

- 出口商缮制商业汇票并持信用证规定的全套单据送至议付行进行议付,结算货款是交易的目的。因此,必须做到单证一致、单单一致和单同一致。
- 议付行对议汇单据进行审核,核准无误后给予议付,如有不符点必须修正。
- 付款行对议汇单据进行审核,核准无误后按照信用证规定的索偿路线进行付款转账,如有不符点可拒付。

2. 操作要点

(1) 汇票缮制要点

① 编号(No.)

汇票编号填本套单据的发票号码。

② 出票日期与地点(Date and Place of Issue)

信用证项下的出票日期是议付日期,出票地点是议付地,通常出口商多委托议付行在办理议付时代填。

③ 汇票金额(Amount)

汇票金额用数字小写和英文大写分别表明。小写金额可保留 2 位小数,由货币名称缩写和阿拉伯数词组成;大写金额位于 the sum of 后,习惯上句首加"SAY",意指"计",句尾加"ONLY"表示"整",小数点用 POINT 或 SENTS 表示,大小写金额与币制必须一致。

④ 付款期限(Tenor)

即期付款在 at 与 sight 之间填上"*"符号。远期付款的填写方法是:见票后×××天付款,在 at 与 sight 之间填入"××× days after",意为从承兑日后第×××天为付款期;出票日后×××天付款,则在 at 后填入 "××× days after date",将汇票上印就的"sight"划掉,其意为汇票出票日×××天付款;提单日后×××天付款,则在 at 后填入"××× days after date of B/L",删去 sight,意为提单日后第 70 天付款。

⑤ 受款人(Payee)

这主要有两种填写方法:在受款人栏目中填写"Pay to the order of … ",意为付给……人的指定人;在受款人栏目中填写"Pay to … only"或"Pay to … not trnsferable",意为仅付……人或限付给……人,不许转让。

⑥ 出票条款(Drawn Clause)

出票条款必须按信用证的描述填于 Drawn under 后,如信用证没有出票条款,应分别填写开证行名称、地址、信用证编号和开证日期。

⑦ 付款人(Drawee)

汇票付款人包括付款人名称和地址,在汇票中以"To … "(致……)表示。付款人必须按信用证规定填制，通常为开证行。如果信用证规定"Draft drawn on applicant"或"drawn on us"或未规定付款人时，在 to 后都打上开证行名称和地址。

⑧ 出票人签章(Signature of the Drawer)

出票人为信用证受益人，也就是出口商。通常在右下角空白处打上出口商全称，由经办人签名，该汇票才正式生效。如果信用证规定汇票必须手签，应照办。

相关链接

信用证业务出口结汇方法

1. 收妥结汇。收妥结汇又称"先收后结"，是指出口地银行对受益人提交的单据审核无误后，将单据寄给付款行索偿。当付款行收到货款划给出口地银行后，由出口地银行按当日外汇牌价结算成人民币贷记受益人账户或交付受益人。

2. 定期结汇。定期结汇是指出口地银行对受益人提交的单据审核无误后，将单据寄给付款行索偿，从交单日至事先规定的期限内，将货款按当日外汇牌价结算成人民币贷记受益人账户或交付受益人。

3. 买单结汇。买单结汇又称出口押汇或议付，是指议付行对受益人提交的单据进行审核无误后，按有关规定，买入受益人的汇票或单据，按照票面金额扣除从议付日至收款日的利息，按当日外汇牌价结算成人民币贷记受益人账户或交付受益人。

3. 操作实例

出口结汇是指出口商在信用证有效和交单期限内向指定银行提交符合信用证条款规定的单据，银行按照信用证条款的规定对单据进行审核，确认无误后在收到单据次日起不超过 5 个银行工作日办理出口结汇，并按当日外汇买入价购入，结算成人民币支付给出口商。南京进出口公司在合同与信用证规定的交单期限内，缮制汇票，并汇集发票、装箱单、保险单、普惠制原产地证书、提单、装运通知等有关议付单据向中国银行南京分行办理议付手续。

（1）徐永发先生缮制汇票

No. TX 370

For USD 7 200.00 　　　　**BILL OF EXCHANGE**　　　NANJING, MAY 31, 2010

　　　　　　　　　　　　　　　　　　　　　　　　　　　　　　Date

At 30 DAYS AFTER B/L DATE ~~sight~~ of this SECOND BILL of EXCHANGE (first of the same tenor and date unpaid) pay to the order of BANK OF CHINA NANJING BRANCH the sum of SAY US DOLLARS SEVEN THOUSAND AND TWO HUNDRED ONLY.

Drawn under SINGAPORE　BANK

L/C No. TX 370　　　　　　　　　Dated　　APR. 30, 2010

To SINGAPORE　BANK

205 QUEENWAY, SINGAPORE

　　　　　　　　　　　　　　　　　　NANJING IMPORT & EXPORT CORP.

　　　　　　　　　　　　　　　　　　　　　徐永发

（2）徐永发先生汇集议付单证

单据种类	汇票	发票	空运单	保险单	装箱单	重量单	产地证	FORM A	检验证	公司证明	船证明	提单
	√	√		√	√			√	√			√
份数	2	5		2	5		1		2			1

相关链接 ➡

结汇单证的基本要求

　　1. 正确。正确是单证工作的前提。信用证项下单据必须符合单证一致与单单一致的相符合原则，托收项下单据也须做到单同一致、单单一致和单货一致，否则有可能被进口商借故拒付或延期付款。

　　2. 完整。即单据的内容、种类及其份数的完备。银行在议付或委托付款时，要求出口商提供的单据种类齐全和每种单据的份数符合信用证或合同的有关规定。

　　3. 及时。即出单、交单要符合规定。每种单据的出单日期不能超过信用证、合同规定的时间或商业习惯的合理日期；在信用证支付条件下，应在信用证有效期和交单期内，向银行递交办理结汇，如果信用证没有规定交单期，则在信用证有效期内，并不得晚于提单签发日后第21天进行交单。

　　4. 简洁。即单据内容的填制力求简明扼要，有利于提高工作效率和单证的质量。

　　5. 清晰。即单据表面要清洁，不准涂改，内容要清晰易认，主次有序，字迹清晰。

二、实训操作

1. 业务操作背景

上海永胜进出口公司在合同与信用证规定的交单期限内,缮制汇票,并汇集发票、装箱单、保险单、普惠制原产地证书、提单、装运通知书有关议付单据向中国银行上海分行办理议付手续。

2. 业务操作资料

发票号码:TX 370

汇票金额:USD 126 000.00

付款期限:BY L/C AT 60 DAYS SIGHT AFTER B/L

开 证 行:LONDON BANK

205 QUEENWAY LONDON,UK

信用证号:XT 370

开证日期:2010 年 4 月 30 日

受 款 人:BANK OF CHINA SHANGHAI BRANCH

3. 业务操作要求

根据有关信息缮制汇票,并汇集发票、装箱单、普惠制原产地证书、保险单、提单、装运通知书向中国银行上海分行办理议付手续。

(1)方达先生缮制商业汇票

No. _____

For _____ **BILL OF EXCHANGE** Date: _____

At _____ sight of this SECOND BILL of EXCHANGE (first of the same tenor and date unpaid) pay to the order of _____ the sum of

_____

Drawn under _____

L/C No. _____ Dated _____

To _____

_____

(2)方达先生汇集议付单据

单据种类	汇票	发票	提单	空运单	保险单	装箱单	重量单	产地证	FORM A	检验证	公司证明	船证明
份数												

工作任务二　办理出口收汇核销手续

一、实训操作指南

1. 操作流程

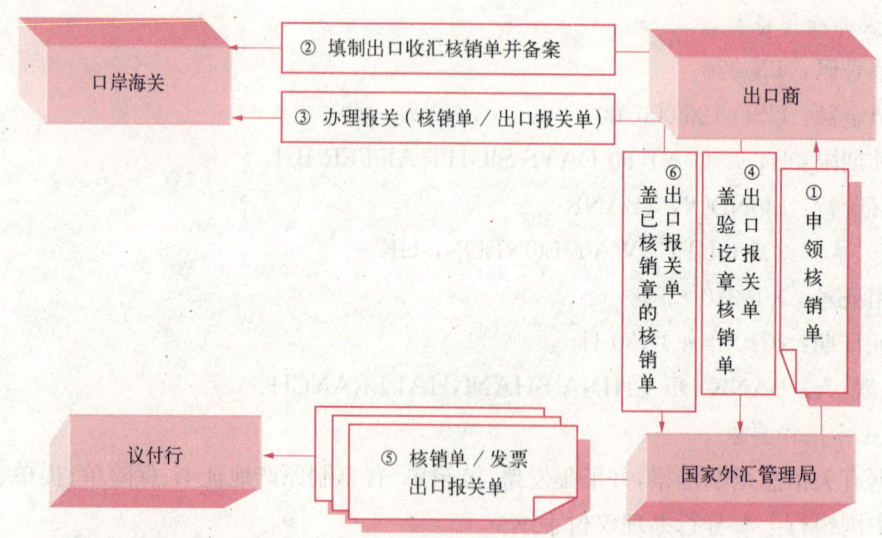

评析

- 出口商上网申请所需核销单的份数，凭操作员 IC 卡、核销单领取证和操作员身份证到外汇管理局领取有编号的纸质核销单。
- 出口商在报关前须上网向海关进行核销单备案，并于领单 90 天内凭已缮制的核销单、注名核销单编号的出口报关单和其他有关单据向海关报关。
- 海关核查无误后，将加盖"验讫章"的核销单与报关单退还出口商。
- 在货物出口后，出口商必须上网将已用于出口报关的核销单、出口报关单和发票向外汇管理局交单备案。
- 出口商在汇票和发票上注明核销单编号，持全套结汇单据向银行办理托收或议付。外汇到达银行出口收汇待核查账户后，在出口收汇核销结水单或收账通知上注明核销单号交出口商。出口企业填写出口收汇说明和支取凭条到指定的银行柜台打印"银行核注明细信息表"至结算柜台结汇。
- 出口所持经海关签章的收汇核销专用联、结水单或收账通知及报关单到外汇管理局办理核销。即期支付应在出口报关之日起 100 天内办理出口收汇核销手续，远期支付应当在合同规定收汇日起 10 天内办理出口收汇核销手续。外汇管理局在核销单上加盖"已核销"章后，将核销单和报关单（出口退税专用）给出口商。

2. 操作要点

出口收汇核销单由核销单存根、出口收汇核销单及其出口退税专用三联构成。其缮制要点如下：

（1）核销单存根联的缮制方法

核销单存根联的填制应以本套结汇单据的发票和出口报关单为依据，在出口报关后交当地外汇管理局备案。

① 编号

编号事先已由国家外汇管理局统一印就。

② 出口单位

本栏注明合同的出口方全称，并加盖公章，应与出口货物报关单、发票同项内容一致。

③ 单位编码

本栏填出口单位的税务登记9位数代码。

④ 出口币种总价

本栏按收汇的原币种填入该批货物的应收总额，通常与商业发票总金额相同。

⑤ 收汇方式

根据合同的规定填制收汇方式。比如，L/C、D/D、D/A 或 T/T 等。

⑥ 约计收款日期

根据具体的收汇方式，推算出可能收汇的日期填入本栏。具体的推算方法有：即期信用证或托收项下的货款，属近洋的地区，为寄单日后第25天，如远洋地区则为35天；远期信用证或托收项下的货款，属近洋地区，为付款日后第35天，如远洋地区则为45天；分期付款要注明每次收款日期和金额；寄售项下的货款最迟在报关日起360天之内结汇；自寄单据项下的货款，自报关日起50天内结算。

⑦ 报关日期

本栏按海关放行日期填写。

⑧ 备注

本栏填写收汇方面需要说明的事项。比如，委托代理方式下，代理出口企业必须注明委托单位名称，并加盖代理出口企业的公章；属联合对外出口，应注明其他单位名称及其出口金额，并加盖报关单位公章；原出口商品如发生变更，要填原核销单的编号等。

⑨ 此单报关有效期截止到

本栏通常填写出口货物的装运日期。

（2）核销单的缮制方法

核销单的内容除与存根联相同的内容以外，还有下列栏目：

① 银行签注栏

本栏由银行填写商品的类别号、货币名称和金额，注明日期，并加盖公章。

② 海关签注栏

本栏由海关批注有关内容，加盖公章。

③ 外汇局签注栏

由外汇管理局在本栏批注有关内容，填制日期，加盖公章。

(3) 核销单出口退税专用联的缮制方法

出口收汇核销单出口退税专用联的栏目除与上述两联相同的内容以外，还有如下内容：

① 货物名称

本栏填实际出口货物名称，并与发票、出口货物报关单的品名一致。

② 数量

本栏按包装方式的件数填写，应与报关单同项内容相符。

③ 币种总价

本栏按发票或报关单的总金额和币种填写。

④ 报关单编号

本栏按出口货物报关单的实际编号填入。

(4) 出口收汇说明的缮制方法

① 企业组织机构代码

本栏填写办理出口收汇核销的出口企业的企业组织机构代码。

② 从出口收汇待核查账户□结汇□划出资金金额合计

本栏根据实际情况，画"√"选择出口收汇待核查账户或结汇，并填写划出资金的总金额。

③ 一般贸易项下

一般贸易系指海关监管贸易方式为"0110 一般贸易"。本栏填写一般贸易项下的总金额。

④ 进料加工贸易项下

进料加工贸易是指海关监管贸易方式为"0615 进料对口"、"0654 进料深加工"、"0664 进料料件复出"、"0700 进料料件退换"、"0715 进料非对口"、"0864 进料边角料复出"。本栏填写进料加工贸易项下的总金额。

⑤ 其他贸易项下

其他贸易是指海关监管贸易方式为"0130 易货贸易"、"0513 补偿贸易"、"3010 货样广告品A"、"3422 对外承包出口"、"3910 有权军事装备"、"3939 无权军事装备"、"4019 边境小额"、"4039 对台小额"、"4561 退运货物"、"1110 对台贸易"、"1215 保税工厂"、"1427 出料加工"、"1500 租赁不满一年"、"1523 租赁贸易"、"1616 寄售代销"。本栏填写相应贸易项下的总金额。

⑥ 来料加工贸易项下

来料加工贸易是指海关监管贸易方式为"0214 来料加工"和"0255 来料深加工"。本栏填写来料加工贸易项下的总金额。

⑦ 预收货款项下

本栏填写预收货款的总额，并注明外汇局依企业申请核准预收货款金额。

⑧ 无货物报关项下

无货物报关是指未达到海关规定申报金额的邮寄出口。本栏填写无货物报关项下的总金额。

⑨ 是否为延期收款

本栏根据实际情况,画"√"选择是或否。

⑩ 是否为关联方交易

关联方是指一方控制、共同控制另一方或对另一方施加重大影响,以及两方或两方以上同受一方控制、共同控制或重大影响的,构成关联方。控制是指有权决定一个企业的财务和经营政策,并能据以从该企业的经营活动中获取利益。共同控制是指按照合同约定对某项经济活动所共有的控制,仅在与该项经济活动相关的重要财务和经营决策需要分享控制权的投资方一致同意时存在。重大影响是指对一个企业的财务和经营政策有参与决策的权力,但并不能够控制或者与其他方一起共同控制这些政策的制定。本栏根据实际情况,画"√"选择是或否。

相关链接

出口收汇核销制度

一、出口收汇核销制度的法规

(1)《出口收汇核销管理办法》及其《出口收汇核销管理实施细则》是由中国人民银行、国家外汇管理局、对外贸易经济合作部、海关总署、中国银行总行于1990年12月发布实施的。

(2)《关于出口收汇核销管理有关问题的补充规定》是由中国人民银行、国家外汇管理局、对外贸易经济合作部、海关总署、中国银行总行于1991年6月发布实施的。

二、出口收汇核销制度的特点

(1)以出口收汇核销单为中心的管理方法。出口收汇核销单涉及出口企业、海关、银行、外贸运输和国家有关职能部门,出口企业必须凭核销单及其他有关单据向海关办理出口货物报关,向银行交单结汇。对此,外汇管理局通过其发放与收回,并采取核销的方法来管理出口收汇的工作。

(2)实行先收汇后核销的方法。出口企业待货物装运后,向银行结汇,凭银行收款通知单才可以办理核销手续,提高了收汇管理工作的效率。

(3)以提高收汇率为目的。出口收汇核销制度实行全方位的管理,准确及时掌握出口收汇的情况,加强对逾期收汇的监督,保证了收汇的安全。

三、出口收汇核销的原则、对象与范围

(1)出口收汇核销的原则。属地管理原则,由出口单位向其注册所在地的外管部门申领核销单,在何地申领就在该地办理核销;谁"单"谁用原则,核销单不得相互借用,其核销、作废、遗失和注销等手续也必须由原申领单位向其所在地的外管部门办

（续上）

理；领用衔接原则，多用多发，不用不发，且与已用核销单相一致；单单对应原则，一份核销单对应一份报关单，报关单、核销单、发票、汇票副本上的有关栏目的内容应相一致，如有变动，应附有关更改单或凭证。

（2）出口收汇核销的对象。出口收汇核销的对象是指经外经贸部及其授权单位批准的具有进出口贸易业务经营权的公司或企业、外商投资企业。

（3）出口收汇核销的范围。出口收汇核销包括一切出口贸易方式，如一般贸易、加工贸易、补偿贸易、易货贸易和寄售等。

3. 操作实例

出口收汇核销单实行逐级核发，专人负责制。出口企业根据所需核销单的份数，通过"中国电子口岸出口收汇系统"向外汇管理局提出领取核销单申请，凭本企业操作员 IC 卡及其他规定的凭证到外汇管理局领取有编号与"条形码"的并加盖"国家外汇管理局监制章"的纸质核销单。外汇管理局将根据出口企业的申请予以发放，并将核销单电子底账数据传送至中国电子口岸数据中心。

南京进出口公司根据《出口收结汇联网核查办法》的规定，在银行开立出口收汇核销待查账户，得知本批货款到达账户后，向国家外汇管理局领取出口收汇核销单，按照合同、发票的有关内容进行填制，并持该笔业务的有关单据向国家外汇管理局办理核销手续。

（1）海关返回签注的核销单

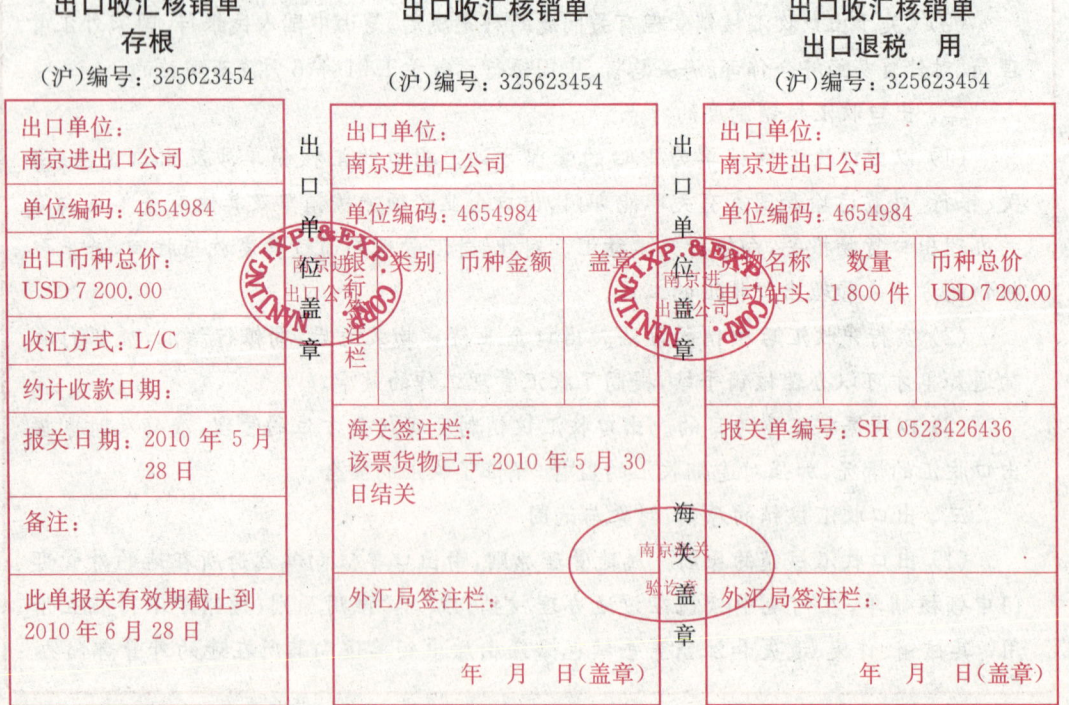

（2）国家外汇管理局签注的核销单

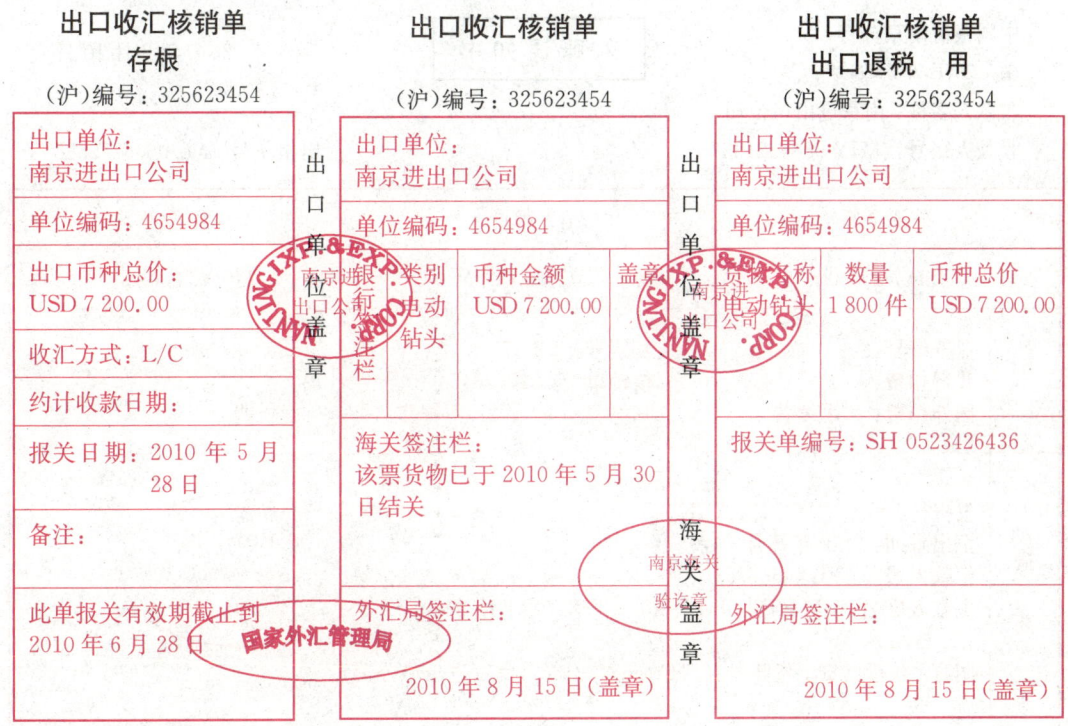

（3）银行返回签注的核销单

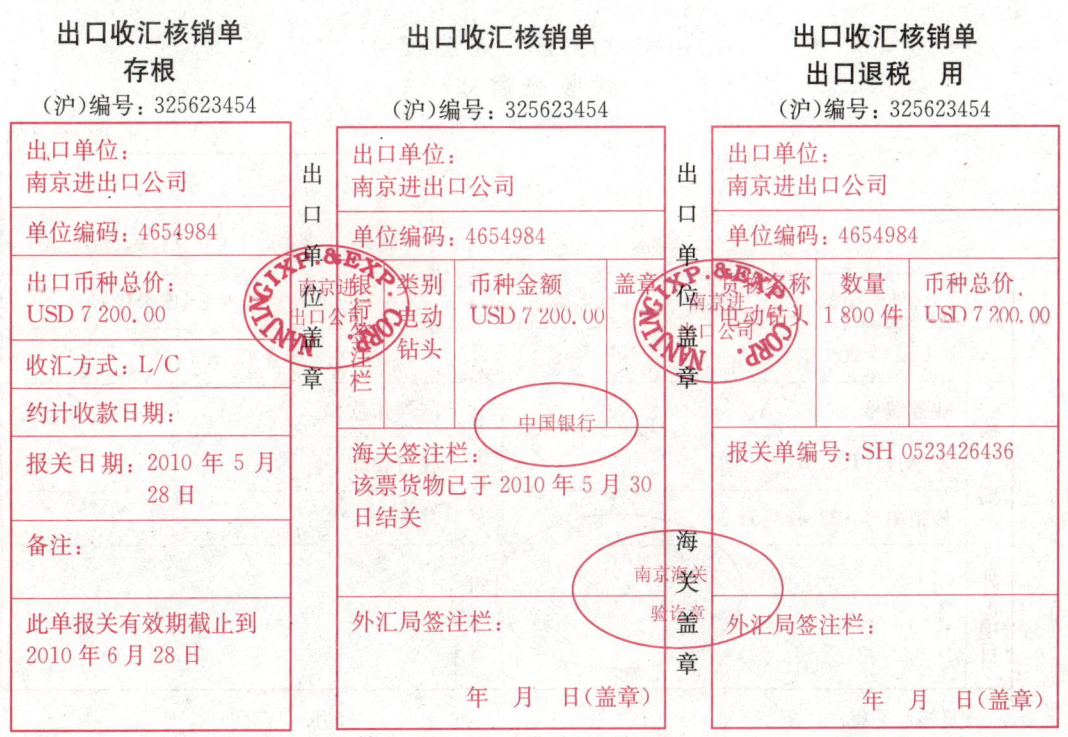

（4）中国银行南京分行发出入账通知书

中国银行南京分行
结汇水单/收账通知

入 账 通 知 书

2010 年 8 月 10 日

收款人名称：南京进出口公司
收款人账号：THY 6684321337

申报单号：No. 0606775588

外汇金额	结汇牌价	入账金额
USD 7 200.00	0.000000	USD 7 200.00

业务编号：　　　　　　　　　　发票号：TX 370	
我行扣费：　　　　　　　　　　核销单号：325623454	
国外扣费：　手续费　　　　邮电费　　　　不符费　　　　偿付费	

| 摘要 | 发报行：SINGAPORE BANK
汇出日期：2010 年 8 月 10 日
汇款人账号：FB 44667755
汇款人姓名：JIM KING IMPORT & EXPORT CORP.

附言：我行已贷记贵账号：THY 6684321337（南京进出口公司） | 中国银行南京分行
业务专用章
（92） |

（5）中国银行南京分行发出代收账通知

中国银行上海分行外汇兑换证明　　　　　　　　　①

代 收 账 通 知

2010 年 8 月 10 日

收款单位	名称	南京进出口公司
	账号	THY 6684321337

购入	外汇金额	结汇牌价	人民币金额（入账金额）
	USD 7 200.00	T　68%	￥489 600.00

摘要	业务编号：	外汇扣款	国外扣款
	发票号：TX 370		我行扣款
	核销单号：325623454		其他
外汇项目	中国银行南京分行 业务专用章 （127）	附言	

复核　夏敏　　　　　　　　　　　　　　经办　历化

（6）缮制出口收汇说明

出口收汇说明

企业名称：南京进出口公司	企业组织机构代码：312387462342

从出口收汇待核查账户□ 结汇□ 划出资金金额合计：USD 7 200.00 划入账户名称：外汇账户 划入账号：THY 6684321337
一般贸易项下：（币种、金额） USD 7 200.00
进料加工贸易项下：（币种、金额）
其他贸易项下：（币种、金额） 其中 2008 年 7 月 13 日前出口但 7 月 14 日后收汇的金额：
来料加工贸易项下：（币种、金额） 其中实际收汇比例：
预收货款项下：（币种、金额） USD 7 200.00 其中外汇局依企业申请核准预收货款金额：USD 7 200.00
无货物报关项下：（币种、金额）

是否为延期收款	□ 是	□ 否
是否为关联方交易	□ 是	□ 否

本企业声明：本表所填内容真实无误。如有虚假，视为违反外汇管理规定，将承担相应后果。

单位公章   填报人：徐永发   2010 年 8 月 10 日

（7）缮制支取凭条

支取凭条由公司财务根据收账通知的有关内容填写。

□ 818 活期外汇存款
（借方）□ 824 外汇专户活期存款
□ 946 其他金融机构往来

支 取 凭 条
DRAWING SLIP

中国银行台照 To BANK OF CHINA	账号 Account No. THY 6684321337
	日期 Date 2010 年 8 月 10 日

请付
Pay SAY US DOLLARS SEVEN THOUSAND AND TWO HUNDRED ONLY.

小写金额 In figures USD 7 200.00	签 章 Signature 徐永发

主管 夏单   会计 王毅   出纳 单华   复核 丁学   记账 韩一   核对印鉴 林立

（8）提交商业发票

南京进出口公司
NANJING IMPORT & EXPORT CORP.
1321 ZHONGSHAN ROAD NANJING，CHINA
COMMERCIAL INVOICE

出口专用

TEL：025 - 23501111
FAX：025 - 23502222

INV NO.：TX370
DATE：MAY 2，2010
S/C NO.：TXT200710
L/C NO.：XT370

TO：

JIM KING IMPORT & EXPORT CORP.

NO. 206 CHANGJ NORTH STREET，SINGAPORE

FROM　NANJING PORT　TO　SINGAPORE PORT

MARKS & NO.	DESCRIPTIONS OF GOODS	QUANTITY	U/PRICE	AMOUNT
JIM TXT 200710 SINGAPORE C/NO.：1 - 180	ELECTRIC DRILL PACKING： PACKED IN ONE CARTON OF 10 PCS EACH	1 800 PCS	CIF SINGAPORE USD 4.00	USD 7 200.00

TOTAL AMOUNT：SAY US DOLLARS SEVEN THOUSAND AND TWO HUNDRED ONLY.

南京进出口公司
NANJING I & E CORP.
发票专用章

NANJING IMPORT & EXPORT CORP.

XUYONGFA

（9）提交出口货物报关单收汇核销联

中华人民共和国海关出口货物报关单

收汇核销联

预录入编号：　　　　　　　　　　　　　　　　　　　　海关编号：

出口口岸 南京海关 2303		备案号	出口日期 2010 年 5 月 30 日	申报日期 2010 年 5 月 22 日
经营单位（0487124888） 南京进出口公司	运输方式 江海运输	运输工具名称 DONGFANG V. 190		提运单号
发货单位 南京进出口公司	贸易方式 一般贸易	征免性质 一般征税		结汇方式 信用证
许可证号	运抵国（地区） 新加坡	指运港 新加坡		境内货源地 南京
批准文号	成交方式 CIF	运费 520/430/3	保费 520/370/3	杂费
合同协议号 TXT 200710	件数 180	包装种类 箱	毛重（千克） 450	净重（千克） 350
集装箱号	随附单据 B：070510		生产厂家 南京电动工具厂	
标记唛码及备注　JIM TXT 200710 SINGAPORE C/NO.：1 - 180				

项号	商品编号	商品名称、规格型号	数量及单位	最终目的国（地区）	单价	总价	币制	征免
	82041100	电动钻头		新加坡		502		照章
01			1 800 件 350 KGS		4.00	7 200.00		

税费征收情况

录入员　录入单位 3121042266 报关员　徐永发 单位地址　南京市中山路 1321 号 邮编 312453　电话 23501111	兹声明以上申报无讹并承担法律责任。 申报单位（签章） 报关专用章 填制日期　2010 年 5 月 22 日	海关审单批注及放行日期（签章）	
		审单	审价
		征税	统计
		查验	放行

127

（10）打印出口核销专用联（境外收入）

出口核销专用联（境外收入）

核销收汇专用号码	3100000 0001 090611 P228		
收 货 人 名 称	南京进出口公司		
■ 对 公	企业组织机构代码 312387462342		
■ 对 私			
结 算 方 式	● 信用证　○ 托收　○ 保函　○ 电汇　○ 票汇　○ 信汇　○ 其他		
收入款币种及金额	USD 7 200.00	结汇汇率	0.0000000
其中	结汇金额　USD 7 200.00	账号/银行卡号	THY 6684321337
	现汇金额　0	账号/银行卡号	
	其他金额　0	账号/银行卡号	
国内银行扣费币种及金额	0	国内银行扣费币种及金额	0
付款人名称	JIM KING IMPORT & EXPORT CORP.		
付款人常驻国家(地区)名称及代码	新加坡	收账/结汇日期	2009 年 8 月 16 日
本笔款为预收货款	■ 预收货款		
交易编码	101010	相应币种及金额	USD 7 200.00
		相应币种及金额	
交易附言	电动南京	中国银行上海分行 业务专用章 （28）	
出口收汇核销单号码	325623454		
收汇总金额中用于出口核销的金额	USD 7 200.00		

银行经办人签章 【张力】 银行业务章 银行业务编码 T032A9483 打印日期 2010－08－12

二、实训操作

1. 业务操作背景

上海永胜进出口公司根据《出口收结汇联网核查办法》的规定,在银行开立出口收汇核销待查账户,得知本批货款到达账户后,向国家外汇管理局领取出口收汇核销单,按照合同、发票的有关内容进行填制,并持该笔业务的有关单据向国家外汇管理局办理核销手续。

2. 业务操作资料

出口单位:上海永胜进出口公司

单位代码:4654984

企业组织机构代码:310454323421

货物名称:全棉弹力牛仔女裙(LADIES DENIM SKIRT)

数　　量:18 000 件

包　　装:每条装入一胶袋,18 条不同尺码与颜色装入一出口纸箱

货物总价:USD 126 000.00

支付方式:BY L/C AT 60 DAYS SIGHT AFTER B/L

外汇账号:THY 6684321337

报关日期:2010 年 5 月 26 日

此单报关有效期截止到:2010 年 5 月 30 日

报关单号:SH 0523426436

贸易方式:一般贸易

3. 业务操作要求

根据有关信息正确缮制核销单和出口收汇说明。

(1) 缮制核销单

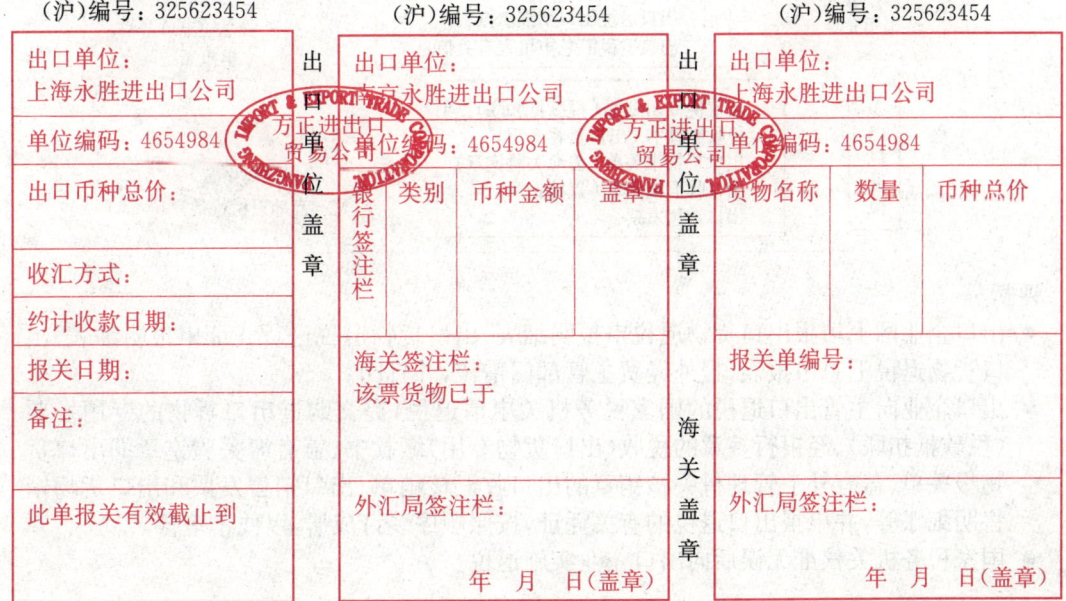

（2）缮制出口收汇说明

出口收汇说明

企业名称：		企业组织机构代码：	
从出口收汇待核查账户□　结汇□		划出资金金额合计： 划入账户名称： 划入账号：	
一般贸易项下：（币种、金额）			
进料加工贸易项下：（币种、金额）			
其他贸易项下：（币种、金额） 　其中 2008 年 7 月 13 日前出口但 7 月 14 日后收汇的金额：			
来料加工贸易项下：（币种、金额） 　其中实际收汇比例：			
预收货款项下：（币种、金额） 　其中外汇局依企业申请核准预收货款金额：			
无货物报关项下：（币种、金额）			
是否为延期收款	□ 是		□ 否
是否为关联方交易	□ 是		□ 否
本企业声明：本表所填内容真实无误。如有虚假，视为违反外汇管理规定，将承担相应后果。			

单位公章：　　　　　　　填报人：　　　　　　　年　月　日

工作任务三　办理出口退税手续

一、实训操作指南

1. 操作流程

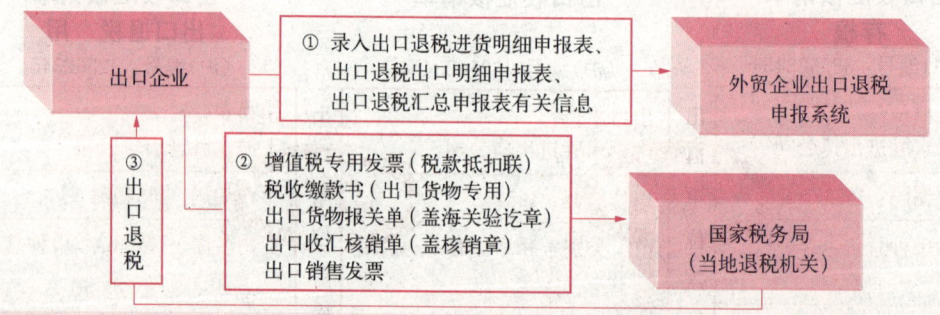

评析

- 出口企业网上填报出口货物退税申报明细表、出口货物退税进货凭证申报明细表、出口货物退税汇总申报表，报外经贸主管部门稽核，并打印。
- 出口企业向主管出口退税的国家税务机关申请退税，提交购进出口货物的专用发票（税款抵扣联）、经银行签章的税收（出口货物专用）缴款书、盖有海关验讫章的出口货物报关单、盖有外汇管理机关核销章的出口收汇核销单、出口销售发票和出口货物销售明细账等，并申报出口退税的有关凭证，按照顺序装订成册，以便于审核。
- 国家税务机关核准无误后向出口企业实施退税。

2. 操作要点

(1) 出口货物退税汇总申报表的缮制要点

① 申报年月

本栏填外贸企业出口退税申报的时间。

② 申报批次

本栏填外贸企业出口退税申报所属时间内第几次申报。

③ 纳税人识别号

本栏填税务登记证号码。

④ 海关代码

本栏填外贸企业在海关的注册编号。

⑤ 纳税人名称

本栏填写纳税人单位名称全称,不得填写简称。

⑥ 申报日期

本栏填外贸企业向主管退税机关申报退税的日期。

表内其他各栏的内容,根据现行退税审批政策相关的规则填写。

(2) 出口企业退税的有关规定

① 出口退税的企业范围

具有出口经营权的企业是指经过商务部等主管部门的批准,拥有独立对外进出口经营权的企业;委托出口企业是指委托有进出口经营权的企业办理出口业务,但仍由自己承担出口货物盈亏的企业;特定企业,如外轮公司和远洋运输供应公司等单位,发生一些特定业务后,也可办理出口退税。

② 出口货物退税的范围

凡在进出口贸易中已征产品税、增值税和特别消费税的产品,除国家明确规定不予退还以外,都予以退税。

③ 出口货物退税具备的条件

属于增值税和消费税征税范围的货物;经出口报关离境的货物,以加盖海关验讫章的出口报关单和出口销售发票为准;出口货物必须已经结汇(部分货物除外);已在财务会计上作出口销售处理;提供退税机关规定的有关单据。

④ 国家规定具备出口货物退税条件也不予以退税的出口货物

出口的原油;援外出口产品;国家禁止出口的产品;出口企业收购出口外商投资的产品;来料加工、来料装配的出口产品;军需工厂销售给军队系统的出口产品;军工系统出口的企业范围;齐鲁、扬子、大庆三大乙烯工程生产的产品等。

3. 操作实例

南京进出口公司向国家外汇管理局办理好出口收汇核销后,徐永发先生持该笔出口业务的外销发票、增值税专用发票、出口货物报关单(出口退税专用)、核销单(出口退税专用)等全套出口退税单证及时到国家税务局主管退税机关办理出口退税申报手续,及时获取出

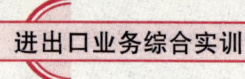

口退税金额,加快企业的资金周转。

(1)办理增值税专用发票认证

<table>
<tr><td colspan="9" align="center">南京市增值税专用发票
抵扣联</td></tr>
<tr><td colspan="5">开票日期:2010 年 5 月 5 日</td><td colspan="4">NO. 06053011</td></tr>
<tr><td rowspan="4">购货单位</td><td>名称</td><td colspan="5">南京进出口公司</td><td rowspan="4">密码区</td><td></td></tr>
<tr><td>纳税人识别号</td><td colspan="5">3101466775532</td><td></td></tr>
<tr><td>地址、电话</td><td colspan="5">南京市中山路 1321 号 025 - 23501111</td><td></td></tr>
<tr><td>开户银行及账号</td><td colspan="5">中国银行南京分行 SZR 80066686</td><td></td></tr>
<tr><td colspan="2">货物或应税劳务名称</td><td>规格型号</td><td>单位</td><td>数量</td><td>单价</td><td>金额</td><td>税率</td><td>税额</td></tr>
<tr><td colspan="2">电动钻头</td><td></td><td>件</td><td>1 800</td><td>¥10.00</td><td>¥18 000.00</td><td>17%</td><td>¥3 060.00</td></tr>
<tr><td colspan="2" align="center">合 计</td><td></td><td></td><td>1 800</td><td></td><td>¥18 000.00</td><td>17%</td><td>¥3 060.00</td></tr>
<tr><td colspan="2">价税合计(大写)</td><td colspan="7">贰万壹仟零陆拾元整</td></tr>
<tr><td rowspan="4">销货单位</td><td>名称</td><td colspan="5">南京电动工具公司</td><td rowspan="4">备注</td><td></td></tr>
<tr><td>纳税人识别码</td><td colspan="5">310457654221</td><td></td></tr>
<tr><td>地址、电话</td><td colspan="5">南京市人民路 11 号</td><td></td></tr>
<tr><td>开户银行及账号</td><td colspan="5">南京市工商银行人民支行
0086132733658</td><td></td></tr>
</table>

注:纳税人识别号即纳税人登记号。

中华人民共和国

税收（出口货物专用）缴款

经济类型：国营经济　　　　填发日期 2010 年 5 月 10 日　　　　060510 号

征收机关：南京市国税局

缴款单位	税务登记号	0 . 3 2 0 4 8 6 5 1 2	预算科目	款	
	全称	南京电动工具公司		项	
	开户银行	南京市工商银行人民支行		级次	
	账号	0086132733658	收款国库	市金库	
购货企业	全称	南京进出口公司	销货发票号码	06053011	
	税务登记号	0 2 4 3 5 6 8 8 1 5			
	海关代码	0487124888			

税款所属时期	2010 年 5 月 30 日	税款限缴日期	2010 年 5 月 30 日

货物名称	课税数量	单位价格	计税金额	法定税率（额）	征税率	实缴税额
电动钻头	1 800 件	￥10.00	￥18 000.00	17％	17％	￥3 060.00

| 金额合计 | （大写）贰万壹仟零陆拾元整 | | | | | ￥21 060.00 |

缴款单位（盖章）经办人：王丁	税务机关（盖章）填票人：张言	上列款项已收妥开划转收款单位账户　国库（银行）盖章 2010 年 5 月 30 日	备注

南京电动工具公司　南京税务局　南京工商银行

第二联（收据乙）国库（经收处）收款盖章后退缴款单位转交购货企业，逾期不缴按税法规定加收滞纳金

133

（2）徐永发先生填制并提交出口货物退税汇总申报表

外贸企业出口货物退税汇总申报表
（适用于增值税一般纳税人）

申报年月：2010 年 7 月　　　　　　　　　　　　　　　　　　申报批次：1

纳税人识别号：0243568815

海关代码：0387124666

纳税人名称（公章）：　　申报日期：2010 年 7 月 31 日　　　　　金额单位：元至角分、美元

出口企业申报		主管退税机关审核	
出口退税出口明细申报表　1 份，记录 25 条	审单情况	机审情况	
出口发票　　　　1 张，出口额 7 200.00 美元		本次机审通过退增值税额　　　　　　　　元	
出口报关单　　　　1 张		其中：上期结转疑点退增值税　　　　　元	
代理出口货物证明　　　　张		本期申报数据退增值税　　　　元	
收汇核销单　　　　1 张，收汇额 7 200.00 美元		本次机审通过退消费税额　　　　　　　　元	
远期收汇证明　　　张，其他凭证　　　张		其中：上期结转疑点退消费税　　　　　元	
出口退税进货明细申报表　1 份，记录 24 条		本期申报数据退消费税　　　　元	
增值税专用发票　1 张，其中非税控专用发票　张		本次机审通过退消费税额　　　　　　　　元	
普通发票　　　1 张，专用税票　　　张		结余疑点数据退增值税　　　　　　　　　元	
其他凭证　　　张，总进货金额　　　元		结余疑点数据退消费税　　　　　　　　　元	
总进货税额　　　3 060.00 元			
其中：增值税　　3 060.00 元，消费税　　元			
本月申报退税额　　3 060.00 元			
其中：增值税　　3 060.00 元，消费税　　元			
进料应抵扣税额　　　元		授权人申明	
申请开具单证		（如果你已委托代理申报人，请填写以下资料）	
代理出口货物证明　　份，记录　　条		为代理出口货物退税申报事宜，现授权为本纳税人的代理申报人，任何与本申报表有关的往来文件都可寄与此人。	
代理进口货物证明　　份，记录　　条			
进料加工免税证明　　份，记录　　条			
来料加工免税证明　　份，记录　　条			
出口货物转内销证明　份，记录　　条		授权人签字（盖章）	
补办报关单证明　　份，记录　　条			
补办收汇核销单证明　份，记录　　条			
补办代理出口证明　　份，记录　　条			
内销抵扣专用发票　1 张，其他非退税专用发票　张	审单人：	审核人：　　年 月 日	
申报人声明			
此表各栏目填报内容是真实、合法的，与实际出口货物情况相符。此次申报的出口业务不属于"四自三不见"等违背正常出口经营程序的出口业务，否则，本企业愿承担由此产生的相关责任。 　　企业填表人：徐永发 　　财务负责人：岷山 　　企业负责人：徐永发　　2010 年 7 月 31 日	签批人：（公章）		
		年 月 日	

受理人：

受理税务机关（签章）　　　　　　　　受理日期：　　年 月 日

（3）徐永发先生提交商业发票退税联

南京进出口公司
NANJING IMPORT & EXPORT CORP.
1321 ZHONGSHAN ROAD NANJING，CHINA
COMMERCIAL　INVOICE

出口退税

TEL：025 - 23501111
FAX：025 - 23502222

INV NO.：TX 370
DATE：MAY 2,2010
S/C NO.：TXT 200710
L/C NO.：XT 370

TO：
JIM KING IMPORT & EXPORT CORP.
NO. 206 CHANGJ NORTH STREET，SINGAPORE
FROM　NANJING PORT　TO　SINGAPORE　PORT

MARKS & NO.	DESCRIPTIONS OF GOODS	QUANTITY	U/PRICE	AMOUNT
JIM TXT 200710 SINGAPORE C/NO.：1 - 180	ELECTRIC DRILL PACKING： PACKED IN ONE CARTON OF 10 PCS EACH	1800 PCS	CIF SINGAPORE USD 4.00	USD 7 200.00

TOTAL AMOUNT：SAY US DOLLARS SEVEN THOUSAND AND TWO HUNDRED ONLY.

NANJING IMPORT & EXPORT CORP.
XUYONGFA
南京进出口公司
发票专用章

（4）徐永发先生提交出口货物报关单收汇核销联

中华人民共和国海关出口货物报关单

收汇核销联

预录入编号：　　　　　　　　　　　　　　海关编号：

出口口岸 南京海关 2303	备案号	出口日期 2010 年 5 月 30 日	申报日期 2010 年 5 月 22 日
经营单位(0487124888) 南京进出口公司	运输方式 江海运输	运输工具名称 DONGFANG V. 190	提运单号
发货单位 南京进出口公司	贸易方式 一般贸易	征免性质 一般征税	结汇方式 信用证
许可证号	运抵国(地区) 新加坡	指运港 新加坡	境内货源地 南京
批准文号	成交方式 CIF	运费 520/430/3	保费 520/370/3	杂费

（续上）

合同协议号 TXT 200710	件数 180	包装种类 箱	毛重（千克） 450	净重（千克） 350
集装箱号	随附单据 B：070510		生产厂家 南京电动工具厂	
标记唛码及备注　　JIM TXT 200710 SINGAPORE C/NO.：1-180				

项号	商品编号	商品名称、规格型号	数量及单位	最终目的国（地区）	单价	总价	币制	征免
	82041100	电动钻头		新加坡			502	照章
01			1 800 件 350 KGS		4.00	7 200.00		

税费征收情况

录入员　　录入单位 　3121042266 　　徐永发	兹声明以上申报无讹并承担法律责任。	海关审单批注及放行日期（签章）	
报关员 单位地址　南京市中山路 1321 号 邮编 312453　电话 23501111	申报单位（签章） 填制日期　2010 年 5 月 22 日	审单	审价
		征税	统计
		查验	放行

相关链接　➡

出口货物退税应注意事项

一、出口货物的费用扣除

　　出口企业采购出口商品，应在库存出口商品账上将产品的出厂金额与购进等各项费用分开记账。产品出口后，出口商品销售账能反映出厂金额的，应按账上记载的出厂金额经税务机关审核后据以计算退税；出口商品销售账不能反映出厂金额的，应按

（续上）

库存出口商账上记载的各项费用采取核定费用扣除率的办法经税务机关审核后予以扣除。

二、出口货物退税的单据

出口销售发票必须详细列明合同号或订单号、货物名称、规格、数量、单价、贸易总额、运输工具和起止地点，并有发货人的签名或印章。

进货发票必须套印税务机关发票监制章，并盖有供货单位的印章。工贸自营出口或委托出口的产品，非专业外贸企业出口的产品，申请退税时，必须提供银行结汇水单，并在结汇水单内注明核销单编号，税务机关查验后将其退还出口企业。专业外贸企业申请退税时提供结汇水单确有实际困难的，以及用于对外承包的成套设备和国家允许中、远期结汇的出口产品，可延期提供水单。

二、实训操作

1. 业务操作背景

上海永胜进出口公司向国家外汇管理局办理好出口收汇核销后，方达先生持该笔出口业务的外销发票、增值税专用发票、出口货物报关单（出口退税专用）、核销单（出口退税专用）等全套出口退税单证及时到国家税务局主管退税机关办理出口退税申报手续，及时获取出口退税金额，加快企业的资金周转。

2. 业务操作资料

申报年月：2010 年 8 月

申报批次：1 次

纳税人识别号：0243568815

海关代码：3104871248

纳税人名称：上海永胜进出口公司

申报日期：2010 年 8 月 31 日

出口退税出口明细申报表：1 份（其中记录 25 条）

出口发票：1 张（出口额 126 000.00 美元）

出口报关单：1 张

总进货税额：15 300.00 元（其中增值税为 15 300.00 元）

本月申报退税额：15 300.00 元（其中增值税为 15 300.00 元）

内销抵扣专用发票：1 张

3. 业务操作要求

根据有关信息正确缮制外贸企业出口货物退税汇总申报表。

外贸企业出口货物退税汇总申报表

（适用于增值税一般纳税人）

申报年月： 年 月 申报批次：

纳税人识别号：

海关代码：

纳税人名称（公章）： 申报日期： 年 月 日 金额单位：元至角分、美元

出口企业申报		主管退税机关审核	
出口退税出口明细申报表　　份，记录　条		审单情况	机审情况
出口发票　　　　张，出口额　　　美元			本次机审通过退增值税额　　　元
出口报关单　　　张			其中：上期结转疑点退增值税　　元
代理出口货物证明　张			本期申报数据退增值税　　元
收汇核销单　　　张，收汇额　　　美元			
远期收汇证明　　张，其他凭证　　张			本次机审通过退消费税额　　　元
出口退税进货明细申报表　　份，记录　　条			其中：上期结转疑点退消费税　　元
增值税专用发票　　张，其中非税控专用发票　张			本期申报数据退消费税　　元
普通发票　　　　张，专用税票　　　　　张			本次机审通过退消费税额　　　元
其他凭证　　　张，总进货金额　　　元			结余疑点数据退增值税　　　元
总进货税额　　　元			结余疑点数据退消费税　　　元
其中：增值税　　元，消费税　　元			
本月申报退税额　　　元			
其中：增值税　　元，消费税　　元			
进料应抵扣税额　　　元			授权人申明
申请开具单证			（如果你已委托代理申报人，请填写以下资料）
代理出口货物证明　　份，记录　　条			
代理进口货物证明　　份，记录　　条			为代理出口货物退税申报事宜，现授权为本纳税人的代理申报人，任何与本申报表有关的往来文件都可寄与此人。
进料加工免税证明　　份，记录　　条			
来料加工免税证明　　份，记录　　条			
出口货物转内销证明　份，记录　　条			
补办报关单证明　　份，记录　　条			授权人签字（盖章）
补办收汇核销单证明　份，记录　　条			
补办代理出口证明　　份，记录　　条			
内销抵扣专用发票　　张，其他非退税专用发票　张		审单人：	审核人：
申报人声明			年 月 日
此表各栏目填报内容是真实、合法的，与实际出口货物情况相符。此次申报的出口业务不属于"四自三不见"等违背正常出口经营程序的出口业务。否则，本企业愿承担由此产生的相关责任。		签批人：（公章）	
企业填表人： 　财务负责人：　　　　（公章） 　企业负责人：　　　　年 月 日			年 月 日

受理人：

受理税务机关（签章）　　　　　　受理日期： 年 月 日

综合业务模拟操作

一、实训操作资料

卖　　方：广州纺织品进出口公司

　　　　　广州北京路 530 号

　　　　　TEL：(020)64043030　FAX：(020)64043031

单位代码：3654984

企业组织机构代码：2313294132

买　　方：OLEARA IMPORT & EXPORT CORPORATION

　　　　　310 - 224 HOLA STREET MARSEILLE, FRANCE

　　　　　TEL：491 - 38241234

合 同 号：ST 071032

开证银行：CITY BANK MARSEILLE BRANCH（地址：1025 WEST GEORGIA STREET, MARSEILLE, FRANCE）

信用证号：07/CB 4578

开证日期：2010 年 6 月 20 日

支付方式：不可撤销跟单即期信用证

信用证金额：40 500.00 美元

货　　名：男式衬衫 Art No. 88(蓝色)、Art No. 44(黑色)

数　　量：Art No. 88(蓝色)3 000 件、Art No. 44 (黑色)3 000 件

发票号码：GZT 00021

报关单编号：GZ 43920565

包　　装：每 20 件装入一出口纸箱

支付方式：BY L/C AT SIGHT

外汇账号：Y4321337235

人民币结算单位账号：R123668645

报关日期：2010 年 7 月 26 日

此单报关有效期截止到：2010 年 7 月 31 日

贸易方式：一般贸易

申报年月：2010 年 8 月

申报批次：1 次

纳税人识别号：3456756881

海关代码：3048712481

申报日期：2010 年 8 月 31 日

出口退税出口明细申报表：1 份(其中记录 25 条)

出口发票：1 张(出口额 40 500.00 美元)

出口报关单：1 张

总进货税额：20 655.00 元(其中增值税为 20 655.000 元)

本月申报退税额：20 655.00 元(其中增值税为 20 655.00 元)

内销抵扣专用发票：1 张

二、实训操作要求

1. 请你以广州纺织品进出口公司业务员王伟的身份，根据上述资料、销售合同书和信用证的有关内容填写商业汇票。

BILL OF EXCHANGE

凭 .... 不可撤销信用证

Drawn under .... Irrevocable L/C No. ....

Date .... 支取 Payable with interest@ ....% 按 ... 息 ... 付款

号码 汇票金额 南京

No. .... Exchange for NANJING ....

见票 .... 日后(本汇票之副本未付)付交 金额

At .... sight of this **FIRST** of Exchange (Second of Exchange being unpaid) Pay to

the order of .... the sum of

款已收讫

Value received ....

此致：

To ....

....

2. 请你以广州纺织品进出口公司业务员王伟的身份，根据上述资料、销售合同书和信用证的有关内容填写出口收汇核销单和出口收汇说明。

出口收汇核销单 存根		出口收汇核销单		出口收汇核销单 出口退税　用

（沪）编号：325623455　　　　　（沪）编号：325623455　　　　　（沪）编号：325623454

出口单位： 广州纺织品进出口公司	出口单位盖章	出口单位： 广州纺织品进出口公司	出口单位盖章	出口单位： 广州纺织品进出口公司
单位编码：3654984		单位编码：3654984		单位编码：3654984
出口币种总价：		银行签注栏	币种金额	货物名称　数量　币种总价
收汇方式：				
约计收款日期：				
报关日期：		海关签注栏：		报关单编号：
备注：				
此单报关有效截止到		外汇局签注栏：		外汇局签注栏：
		年　月　日（盖章）	海关盖章	年　月　日（盖章）

出口收汇说明

企业名称：	企业组织机构代码：
从出口收汇待核查账户□　结汇□	划出资金金额合计： 划入账户名称： 划入账号：
一般贸易项下：（币种、金额）	
进料加工贸易项下：（币种、金额）	
其他贸易项下：（币种、金额） 　其中 2008 年 7 月 13 日前出口但 7 月 14 日后收汇的金额：	
来料加工贸易项下：（币种、金额） 　其中实际收汇比例：	
预收货款项下：（币种、金额） 　其中外汇局依企业申请核准预收货款金额：	
无货物报关项下：（币种、金额）	
是否为延期收款	□ 是　　　　　　□ 否
是否为关联方交易	□ 是　　　　　　□ 否
本企业声明：本表所填内容真实无误。如有虚假，视为违反外汇管理规定，将承担相应后果。	

单位公章：　　　　　　填报人：　　　　　　　　年　月　日

　　3. 请你以广州纺织品进出口公司业务员王伟的身份，根据上述资料、销售合同书和信用证的有关内容填写外贸企业出口货物退税汇总申报表。

141

外贸企业出口货物退税汇总申报表
（适用于增值税一般纳税人）

申报年月：　　年　月　　　　　　　　　　　　　　　申报批次：

纳税人识别号：

海关代码：

纳税人名称（公章）：　　　申报日期：　年　月　日　　　　　金额单位：元至角分、美元

出口企业申报		主管退税机关审核	
出口退税出口明细申报表　　份,记录　　条	审单情况	机审情况	
出口发票　　　　　张,出口额　　　美元		本次机审通过退增值税额　　　元	
出口报关单　　　　张		其中：上期结转疑点退增值税　　　元	
代理出口货物证明　　张		本期申报数据退增值税　　　元	
收汇核销单　　　张,收汇额　　　美元			
远期收汇证明　　张,其他凭证　　　张		本次机审通过退消费税额　　　元	
出口退税进货明细申报表　　份,记录　　条		其中：上期结转疑点退消费税　　　元	
增值税专用发票　　张,其中非税控专用发票　　张		本期申报数据退消费税　　　元	
普通发票　　　张,专用税票　　　　张		本次机审通过退消费税额　　　元	
其他凭证　　　张,总进货金额　　　元		结余疑点数据退增值税　　　元	
总进货税额　　　　元		结余疑点数据退消费税　　　元	
其中：增值税　　元,消费税　　元			
本月申报退税额　　　元			
其中：增值税　　元,消费税　　元			
进料应抵扣税额　　　元		授权人申明	
申请开具单证		（如果你已委托代理申报人,请填写以下资料）	
代理出口货物证明　　份,记录　　　条		为代理出口货物退税申报事宜,现授权为本纳税人的代理申报人,任何与本申报表有关的往来文件都可寄与此人。	
代理进口货物证明　　份,记录　　　条			
进料加工免税证明　　份,记录　　　条			
来料加工免税证明　　份,记录　　　条			
出口货物转内销证明　　份,记录　　　条			
补办报关单证明　　份,记录　　　条		授权人签字（盖章）	
补办收汇核销单证明　　份,记录　　　条			
补办代理出口证明　　份,记录　　　条			
内销抵扣专用发票　　张,其他非退税专用发票　　张	审单人：	审核人：　　年　月　日	
申报人声明			
此表各栏目填报内容是真实、合法的,与实际出口货物情况相符。此次申报的出口业务不属于"四自三不见"等违背正常出口经营程序的出口业务。否则,本企业愿承担由此产生的相关责任。 　　企业填表人： 　　财务负责人：　　　　　　（公章） 　　企业负责人：　　　　　年　月　日		签批人： （公章） 　　　　　　　　　　年　月　日	

受理人：　　　　　　　　　　　　　　　受理日期：年　月　日

受理税务机关（签章）：

2 第二部分　进口贸易

　　方正先生今年毕业于东海职业技术学院,创办方正进出口公司。该公司已在工商局、税务局和上海市商务委员会登记核准,并在上海市出入境检验检疫局、海关等有关部门进行一系列注册登记。然后,方正先生创建公司网站,发布自己经营的产品和服务信息,寻找商机。

　　近日,方正先生受上海工具公司的委托从日本进口一批高质量的手工工具扳手。于是,上网查阅日本有关商社的经营情况,收集产品的质量、规格和购货价格等各种信息,选择东京进出口公司进行洽谈,并与其签订购货贸易合同。合同签订后,方正先生在合同规定的开证时间内及时向出口商开出本笔交易的信用证,委托国际货代公司代办托运,并办理保险手续,确保合同的履行。货物收到后,根据我国有关检验检疫、海关和外汇管理等有关规定办理报检、报关和进口付汇核销等手续。

项目一

进口交易磋商

实训要求

- 了解进口交易磋商的基本程序。
- 熟悉询盘函的主要内容及要求。
- 掌握接受函的主要内容和要求。
- 掌握有效接受的条件。

业务操作背景

　　方正进出口公司是一家民营企业,主要经营轻工、电器等产品的进出口业务。近日,受上海工具公司的委托从日本进口一批高质量的手工工具扳手。为此,方正先生根据客户的要求上网查阅日本有关商社的经营情况,对日本市场进行调研,掌握市场的供求信息和价格动态。经过对日本多家商社的充分认证后,确定 TOKYO IMPORT & EXPORT CORPORATION 为供应商,并与其进行洽谈,争取一个合理的成交条件。

工作任务一　撰写询盘函

一、实训操作指南

1. 操作流程

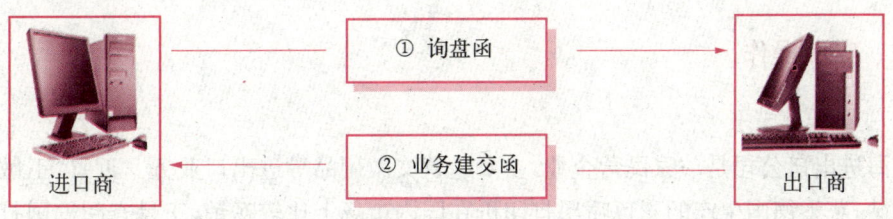

评析

- 询盘可以是买方发出,也可以是卖方发出,是一笔交易的起点。
- 询盘通常可向多家国外客商发出,可获取较多信息,以便作出合理的判断。
- 询盘必须表明本公司想要了解的交易条件。
- 询盘不是交易磋商的必经环节,无法律上的约束力。

2. 操作要点

询盘是指交易的一方有意购买或出售某一种商品,向对方询问买卖该商品的有关交易条件,其内容可以是询问价格,也可是询问其他一项或几项交易条件。

询盘时,通常使用的词句有对……有兴趣请发盘(INTERESTED IN … PLEASE OFFER);请告……(PLEASE ADVISE …);请报价……(PLEASE QUOTE …);请电传告……(PLEASE ADVISE BY TELEX …)。

3. 操作实例

方正进出口公司受上海工具公司的委托从日本进口一批高质量的手工工具扳手。于是,经理方正先生根据客户的要求上网查阅相关信息,经过认真分析后,确定东京进出口公司为贸易伙伴,并向其进行询盘。

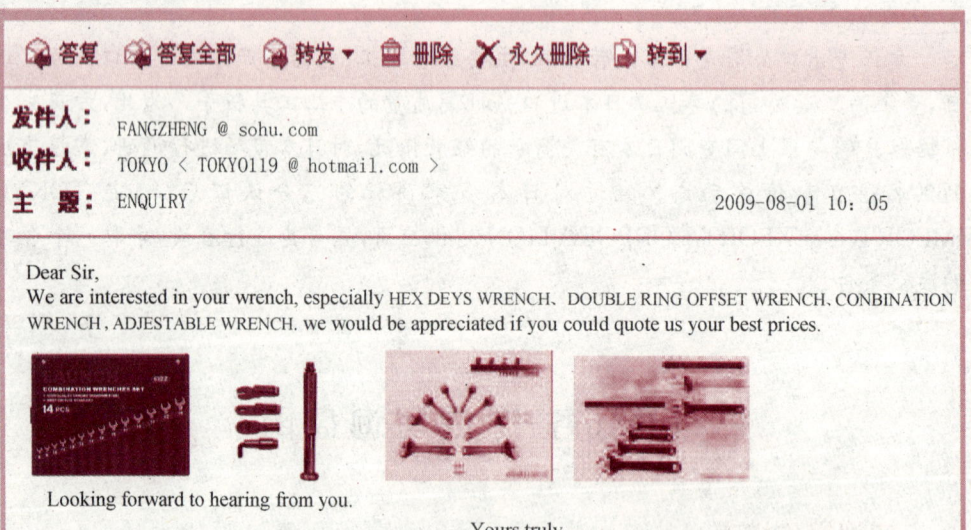

| 📧 答复 | 📧 答复全部 | 📧 转发 ▼ | 🖨 删除 | ✖ 永久删除 | 📧 转到 ▼ |

发件人： FANGZHENG @ sohu.com
收件人： TOKYO < TOKYO119 @ hotmail.com >
主　题： ENQUIRY   2009-08-01 10：05

Dear Sir,
We are interested in your wrench, especially HEX DEYS WRENCH、DOUBLE RING OFFSET WRENCH、CONBINATION WRENCH, ADJESTABLE WRENCH. we would be appreciated if you could quote us your best prices.

Looking forward to hearing from you.

Yours truly,
FANGZHENG IMPORT & EXPORT TRADE CORPORATION
AUG.1, 2009   FANGZHENG

二、实训操作

1. 业务操作背景

上海进出口公司是一家民营企业,主要经营文教用品等进出口业务。近日,王敏小姐在公司网站,获悉德国生产的彩色喷墨打印机在国内市场上比较畅销,于是查阅德国打印机生产厂商的供应情况，掌握市场的供求信息、价格动态。经过充分的分析后，确定 PITER IMPORT & EXPORT CORPORATION 为出口商，向其进行询盘。

2. 业务操作资料

买方邮箱：WANGMIN〈WANGMIN100 @ hotmail. com〉

卖方邮箱：PITER〈PITERO119 @ hotmail. com〉

发送时间：2010 年 8 月 1 日

询盘内容：对贵公司的打印机感兴趣，请对 RO123、RO122、RO145、RO168 货号的商品报价。

3. 业务操作要求

在下列邮箱内，根据有关信息拟订询盘函。

答复	答复全部	转发 ▼	删除	永久删除	转到 ▼

发件人：

收件人：

主　题： ENQUIRY

工作任务二　撰写接受函

一、实训操作指南

1. 操作流程

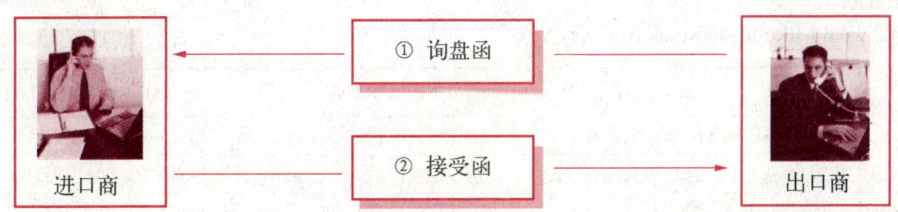

进口商　　①询盘函　　出口商

进口商　　②接受函　　出口商

评析

- 接受必须在发盘的有效期内由受盘人作出并表示出来。
- 接受内容必须与发盘相符，否则接受无效。
- 接受是交易磋商的必经环节，具有法律上的约束。
- 接受是不可以撤销的。

2. 操作要点

(1) 接受相关词句

接受时,通常使用"接受"(Accept)、"同意"(Agree)和"确认"(Confirm)等术语。

(2) 构成一项有效接受的条件

构成一项有效的接受,必须具备的条件是:接受必须由受盘人作出;接受必须表示出来;接受必须在发盘的有效期内传达到发盘人;接受必须与发盘相符。

(3) 逾期接受

逾期接受一般不具有法律效力。但也有例外的情况,按《联合国国际货物销售合同公约》规定:如果发盘人明确通知受盘人该项逾期接受为有效的表示,仍可达成交易;如果载有逾期接受的信件是在传递正常并能及时送达发盘人的条件下寄发的,除非发盘人毫不迟延地通知受盘人该接受无效,否则,仍被视为有效的接受。

3. 操作实例

东京进出口公司收到方正进出口贸易公司的询盘后,及时进行报价。方正进出口贸易公司对该发盘进行认真分析,决定接受其各项条件。于是,在发盘有效期内向东京进出口公司发出接受函。

(1) 东京进出口公司作出发盘

答复	答复全部	转发 ▼	删除	永久删除	转到 ▼

发件人: TOKYO119 @ hotmail.com

收件人: FANGZHENG @ sohu.com

主　题: OFFER   2009-08-05   12:00

Dear Sir,

　　We are pleased to receive your inquiry of AUG.1, 2009 and to hear that you are interested in our product.

　　We would like to quote as follows:

	PACKING	CIP SHANGHAI
HEX DEYS WRENCH	50 PCS/CTN	USD 10.00/SET
DOUBLE RING OFFSET WRENCH	50 PCS/CTN	USD 10.00/SET
CONBINATION WRENCH	50 PCS/CTN	USD 20.00/SET
ADJESTABLE WRENCH	50 PCS/CTN	USD 20.00/SET

　　Shipment: not later than SEP. 30, 2009 by Air.

　　Payment: by at 30 days after sight irrevocable L/C

　　We are looking forward to your initial order.

　　　　　　　　　　　　　Yours truly,

　　　　　　　　　　　　　TOKYO IMPORT & EXPORT CORPORATION

　　　　　　　　　　　　　YAMADA   AUG.5, 2009

（2）方正进出口贸易公司作出接受

| 答复 | 答复全部 | 转发 ▼ | 删除 | 永久删除 | 转到 ▼ |

发件人： FANGZHENG @ sohu.com
收件人： TOKYO119 @ hotmail.com
主　题： ACCEPTANCE　　　　　　　　　　2009 年 8 月 8 日　　11：30

Dear Sir,

　　Thank you for your letter of AUG. 5, 2009

　　We would like to inform you that we accept you proposal for price，other conditions remain unchanged. We will draw up sale contract and send it to you as soon as possible.

　　The Buyer shall establish the pro-form invoice.

　　　　　　　　　　　　Yours truly,

　　　　　　　　　　　　FANGZHENG IMPORT & EXPORT TRADE CORPORATION

　　　　　　　　　　　　FANGFANG　AUG. 8，2009

二、实训操作

1. 业务操作背景

日前，上海进出口公司收到了 PITER IMPORT & EXPORT CORPORATION 的发盘，它详细列出各项交易条件。上海进出口公司经仔细分析，决定接受对方的各项交易条件，由王敏拟写接受函，并在发盘有效期内发出。

2. 业务操作资料

单　　　价：RO123 每台 110 美元、RO122 每台 125 美元、RO145 每台 120 美元、RO168 每台 115 美元 CIP SHANGHAI

包　　　装：10 台装入一出口纸箱

运输方式：空运

装运时间：不迟于 2010 年 9 月 20 日

支付方式：60 日远期信用证

3. 业务操作要求

在下列邮箱内，根据有关信息拟订接受函。

| 答复 | 答复全部 | 转发 ▼ | 删除 | 永久删除 | 转到 ▼ |

发件人：
收件人：
主　题： ACCEPTANCE　　　　　　　　　　　　　　AUG. 10, 2010

综合业务模拟操作

一、实训操作资料

近日,上海玩具进出口公司(地址 13 FENXIANG ROAD SHANGHAI, CHINA;电话 021－56082212;传真 021－56082211;邮箱地址 TOY@sohu.com.cn)要从日本进口一批电子手掌玩具(ELECTRON PALM BAUBLE),请你以公司业务员张成的身份上网查阅日本电子手掌玩具供应商有关产品的交易信息。假定你选择 YMDA IMPORT & EXPORT CORPORATION 出口商(地址 82 OTOLI MACHI OSKA, JAPAN、电话 028－548－742、传真 028－548－743、邮箱地址 YMDA@hotmail.com.cn)进行如下洽谈。

(1) 8月10日,上海玩具进出口公司询盘:"对贵公司的电子手掌玩具感兴趣,请报价 FOB OSKA。"

(2) 8月12日,上海玩具进出口公司对 YMDA IMPORT & EXPORT CORPORATION 的发盘进行认真分析,决定接受发盘的全部交易条件,并拟定接受函的内容。接受函内容主要包括:电子手掌玩具(ELECTRON PALM BAUBLE);单价 R222S USD 50.00/PC、R333H USD 45.00/PC、R666W USD 35.00/PC、R888A USD 20.00/PC,CIP SHANGHAI;支付方式为不可撤销跟单即期信用证(IRREVOCABLE DOCUMENTARY CREIDT AT SIGHT)数量 R222S 1 000 台、R333H 1 000 台、R666W 1 000 台、R888A 1 000 台;包装为每 20 台装一个出口纸箱(PACKED IN 1 CARTON OF 20 SETS EACH);运输方式为空运;装运期不迟于 2010 年 10 月 31 日前装运(LATEST DATE OF SHIPMENT: 20101031);装运地为大阪机场,目的港为上海浦东机场,分批装运与转运都不允许。

二、实训操作要求

1. 请你以上海玩具进出口公司业务员张成的身份,向 YMDA IMPORT & EXPORT CORPORATION 询盘,写一封询盘函。

> 答复　答复全部　转发▼　删除　永久删除　转到▼
>
> **发件人：**
>
> **收件人：**
>
> **主　题：** ENQUIRY

2. 请你以上海玩具进出口公司业务员张成的身份，向 YMDA IMPORT & EXPORT CORPORATION 写一封接受函。

📧 答复　📧 答复全部　📧 转发 ▾　📇 删除　✖ 永久删除　📨 转到 ▾
发件人：
收件人：
主　题： ACCEPTANCE

项目二

许可证签发与合同签订

实训要求

- 了解申请签发进口许可证的基本程序及要求。
- 熟悉形式发票的主要作用。
- 掌握进口货物许可证申请表的缮制方法。
- 掌握购货合同的主要内容。

业务操作背景

  进口许可证是国家主管机关签发的批准进口商品的证明文件,也是进口通关证据之一。凡纳入《实施进口许可证商品目录》范围内的商品,都必须向商务部主管部门配额许可证事务局及其驻各口岸特派员办事处,或商务部授权的直辖市、省、特区的商务主管部门申请签发进口货物许可证,否则海关不予放行。

  方正进出口公司收到 TOKYO IMPORT & EXPORT CORPORATION 签发的形式发票后,由方正先生持主管部门有关批准进口文件等资料向上海市商务委员会主管部门申请签发进口许可证。

工作任务-- 申请签发进口许可证

一、实训操作指南

  1. 操作流程

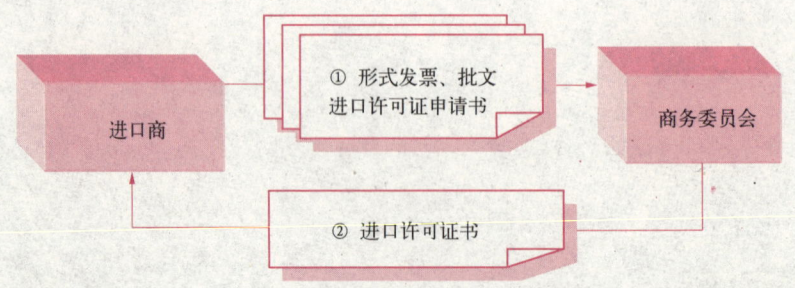

进口商 → ① 形式发票、批文 进口许可证申请书 → 商务委员会

② 进口许可证书

评析

- 发放许可证是我国政府限制进出口商品的有效管理形式。
- 进口许可证自签发之日起 1 年内有效,如 1 年内尚未对外签订贸易合同,该证作废。
- 进口许可证有效期内已对外签订了贸易合同,但货物还未进口,可持进口合同到原发证机关申请展期。

2. 操作要点

(1) 进口货物许可证申请表的缮制要点

进口货物许可证申请表一式两联,由进口商填制,其主要内容与缮制方法如下。

① 进口商及代码

本栏填进口商全称,注明在海关注册的企业代码。

② 进口许可证号

本栏留空,由签证机关填制。

③ 进口许可证有效截止日期

本栏通常为 1 年,由签证机关填写。

④ 贸易方式

本栏根据实际情况填写,如一般贸易、进料加工、来料加工等贸易方式。

⑤ 外汇来源

本栏根据实际情况填写,通常为银行购汇。

⑥ 报关口岸

报关口岸即实际目的地口岸,注明全称。

⑦ 商品用途

本栏根据实际情况填写,通常有自用、生产用、内销和外销等。

⑧ 商品名称及商品编码

本栏根据《中华人民共和国海关统计商品目录》规定的商品标准名称和统一编码填写。

⑨ 规格、型号

本栏填写实际规格,不同规格应分行表示,计量单位按 H.S. 编码规则填写。

⑩ 总值

本栏按合同成交的总额填写,并与发票总金额相同。

(2) 形式发票

形式发票是在贸易合同订立前开立的,主要用于进口方向当局申请批汇或进口许可证。形式发票不是正式发票,一旦贸易合同签订后,须另开正式商业发票,并将形式发票的内容全部照录。

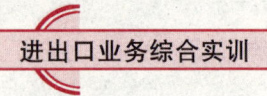

3. 操作实例

方正进出口公司与 TOKYO IMPORT & EXPORT CORPORATION 就扳手交易条件达成一致意见后，要求其出具形式发票。方正先生收到 TOKYO IMPORT & EXPORT CORPORATION 出具的形式发票后，持主管部门有关批准进口文件等资料向上海市商务委员会主管部门申请签发进口许可证。

（1）东京进出口公司出具形式发票

TOKYO IMPORT & EXPORT CORPORATION

82‐324，OTOLI MACHI TOKYO，JAPAN

PROFORMA INVOICE

TEL：028‐548742　　　　（WITHOUT ENGAGEMENT）　　　P/I NO.：IN 05791

FAX：028‐548743　　　　　　　　　　　　　　　　　　　DATE：AUG. 10,2009

　　　　　　　　　　　　　　　　　　　　　　　　　　　P/C NO.：TX200523

CONSIGNEE：FANGZXHENG IMPORT & EXPORT CORPORATION

FROM ___TOKYO, JAPAN___ TO ___SHANGHAI, CHINA___

DELIVERY：LATEST DATE OF SHIPMENT 090930

PARTIAL SHIPMENTS ALLOWED TRANSHIPMENT NOT ALLOWED

MARKS & NO.	DESCRIPTIONS OF GOODS	QUANTITY	UNIT PRICE	AMOUNT
FANGZHENG TX200523 SHANGHAI C/NO. 1‐120	WRENCH HEX DEYS WRENCH DOUBLE RING OFFSET WRENCH CONBINATION WRENCH ADJESTABLE WRENCH	1 000 SETS 1 500 SETS 2 000 SETS 1 500 SETS	CIP SHANGHAI USD 10. 00 USD 10. 00 USD 20. 00 USD 20. 00	USD 10 000. 00 USD 15 000. 00 USD 40 000. 00 USD 30 000. 00 USD 95 000. 00

SAY U. S. DULLARS NINETY FIVE THOUSAND ONLY.

TERMS：100％ PAYMENT BY IRREVOCABLE DOCUMENTARY CREIDT AT 30 DAYS AFTER SIGHT

TOKYO IMPORT &
EXPORT CORPORATION

This invoice is supplied to enable you to apply　　TOKYO IMPORT & EXPORT CORPORATION

For the necessary import licence to be valid up to　　　　　山 田

（2）方正先生缮制进口货物许可证申请表

中华人民共和国进口货物许可证申请表

1. 进口商：方正进出口公司　代码 310123456	3. 进口许可证号：
2. 收货人：方正进出口公司	4. 进口许可证有效截止日期： 　　　　　　　　　　　年　　月　　日
5. 贸易方式：一般贸易	8. 出口国（地区）：日本
6. 外汇来源：银行购汇	9. 原产地国（地区）：日本
7. 报关口岸：上海浦东机场	10. 商品用途：自营内销

11. 商品名称：扳手				商品编码：8204.1100	
12. 规格、型号	13. 单位	14. 数量	15. 单价（USD）	16. 总值（USD）	17. 总值折美元
HEX DEYS WRENCH	套	1 000	10.00	10 000.00	10 000.00
DOUBLE RING OFFSET WRENCH	套	1 500	10.00	15 000.00	15 000.00
CONBINATION WRECH	套	2 000	20.00	40 000.00	40 000.00
ADJUSTABLE WRENCH	套	1 500	20.00	30 000.00	30 000.00
18. 总计：	套	6 000		95 000.00	95 000.00

19. 领证人姓名：方正 联系电话：56082266 申请日期：2009 年 8 月 20 日 下次联系日期：	20. 签证机构审批（初审）： 终审：

中华人民共和国商务部监制　　　　　　　　　第一联（正本）签证机构存档中

中华人民共和国进口货物许可证申请表

1. 进口商：方正进出口公司　代码 310123456	3. 进口许可证号：
2. 收货人：方正进出口公司	4. 进口许可证有效截止日期： 　　　　　　　　　　年　　月　　日
5. 贸易方式：一般贸易	8. 出口国（地区）：日本
6. 外汇来源：银行购汇	9. 原产地国（地区）：日本
7. 报关口岸：上海浦东机场	10. 商品用途：自营内销
11. 商品名称：扳手	商品编码：8204.1100

12. 规格、型号	13. 单位	14. 数量	15. 单价(USD)	16. 总值(USD)	17. 总值折美元
HEX DEYS WRENCH	套	1 000	10.00	10 000.00	10 000.00
DOUBLE RING OFFSET WRENCH	套	1 500	10.00	15 000.00	15 000.00
CONBINATION WRECH	套	2 000	20.00	40 000.00	40 000.00
ADJUSTABLE WRENCH	套	1 500	20.00	30 000.00	30 000.00
18. 总计：	套	6 000		95 000.00	95 000.00

| 19. 领证人姓名：方正

（盖章：IMPORT & EXPORT CORPORATION 方正进出口公司 PANGZHENG）

联系电话：56082266
申请日期：2009 年 8 月 20 日
下次联系日期： | 不能获准原因：
1. 公司无权经营；
2. 公司编码有误；　　　　7. 漏填第（　）项；
3. 到港不妥善；　　　　　8. 第（　）项须补充说明函；
4. 品名与编码不符；　　　9. 第（　）项与批件不符；
5. 单价(高)低；　　　　　10. 其他。
6. 币别有误； |

中华人民共和国商务部监制　　　　　　　　　　　　第二联（副本）取证凭证

（3）上海商委主管部门签发进口许可证

中华人民共和国进口货物许可证
IMPORT LICENCE THE PEOPLE'S REPUBLIC OF CHINA

1. 我国货物成交单位　　　编码 310123456 Importer 方正进出口公司	3. 进口许可证编号 Licence No.　　　09 - JZ5661168
2. 收货单位 Consignee　　　方正进出口公司	4. 许可证有效期 Validity　　　2010 年 8 月 23 日
5. 贸易方式 Terms of trade　　　一般贸易	8. 进口国家(地区) Country of destination　　日本
6. 外汇来源 Terms of foreign exchange　　银行购汇	9. 商品原产地 Country of origin　　　日本
7. 到货口岸 Port of destination　　上海浦东机场	10. 商品用途 Use of commodity　　　自营内销
11. 唛头—包装件数 Marks & numbers — number of packages	TITC TX200523 SHANGHAI C/NO. 1 - 120
12. 商品名称 Description of commodity　WRENCH	商品编码 Commodity No. 8204. 1100

13. 商品规格、型号 Specification	单位 Unit	14. 数量 Quantity	15. 单价(USD) Unit price	16 总值(USD) Amount	17. 总值折美元 Amount in USD
HEX DEYS WRENCH	套	1 000	10. 00	10 000. 00	10 000. 00
DOUBLE RING OFFSET WRENCH	套	1 500	10. 00	15 000. 00	15 000. 00
CONBINATION WRECH	套	2 000	20. 00	40 000. 00	40 000. 00
ADJUSTABLE WRENCH	套	1 500	20. 00	30 000. 00	30 000. 00
18. 总计 Total		6 000		95 000. 00	95 000. 00

19. 备注 Supplementary details	20. 发证机关盖章 Issuing authority's stamp & signature 发证日期 Date　　2009 年 8 月 23 日

中华人民共和国商务部监制　　　　　　　　本证不得涂改，不得转让

申请签发进口许可证注意事项

进口许可证自签发之日起1年内有效。如1年内尚未对外签订贸易合同,不予以展期,该证作废;如1年内已对外签订了贸易合同,但货物还未进口,可持进口合同到原发证机关申请展期。

进口许可证是国家主管机关签发的批准进口商品的证明文件,也是进口通关证据之一。我国凡列入《实施进口许可证商品目录》中的进口货物,必须申领许可证。否则海关不予以放行。

外经贸委主管部门签发进口许可证。

二、实训操作

1. 业务操作背景

上海进出口公司与 PITER IMPORT & EXPORT CORPORATION 就打印机交易条件达成一致意见后,要求其出具形式发票。王敏小姐收到 PITER IMPORT & EXPORT CORPORATION 出具的形式发票后,持主管部门有关批准进口文件等资料向上海市商务委员会主管部门申请签发进口许可证。

2. 业务操作资料

(1) PITER IMPORT & EXPORT CORPORATION 出具形式发票

PITER IMPORT & EXPORT CORPORATION
NO. 324 TOLI MACHI HAMBURG, GERMANY
PROFORMA INVOICE
(WITHOUT ENGAGEMENT)

TEL：0049 - 5484215
FAX：0049 - 5484216

P/I NO.：PI9857
DATE：AUG. 11,2010
P/C NO.：SH100501

CONSIGNEE：
  SHANGHAI IMPORT & EXPORT TRADECORPORATION
FROM   HAMBURG, GERMANY   TO   SHANGHAI, CHINA

DELIVERY：LATEST DATE OF SHIPMENT 100920
PARTIAL SHIPMENTS ALLOWED TRANSHIPMENT ALLOWED

MARKS & NO.	DESCRIPTIONS OF GOODS	QUANTITY	UNIT PRICE	AMOUNT
PITER SH100501 SHANGHAI C/NO. 1 - 400	COLOR INKJET PRINTER RO123 RO122 RO145 RO168	1 000 PCS 1 000 PCS 1 000 PCS 1 000 PCS	CIP SHANGHAI USD 110. 00 USD 125. 00 USD 120. 00 USD 115. 00	USD 110 000. 00 USD 125 000. 00 USD 120 000. 00 USD 115 000. 00
				USD 470 000. 00

SAY U. S. DOLLARS FOUR HUNDRED AND SEVENTY THOUSAND ONLY.
TERMS：100% PAYMENT BY IRREVOCABLE DOCUMENTARY CREIDT AT 60 DAYS AFTER SIGHT
This invoice is supplied to enable you to apply   PITER IMPORT & EXPORT CORPORATION
For the necessary import licence to be valid up to   PITER

（2）补充资料

进口商代码：上海进出口公司 1368029168

联系电话：021－56082266

商品名称：彩色喷墨打印机

商品编码：9503.1000

装运期限：最迟不晚于 2009 年 12 月 31 日（LATEST DATE OF SHIPMENT 071231）

报关口岸：上海浦东机场

外汇来源：银行购汇

商品用途：自营内销

申请日期：2010 年 8 月 12 日

3. 业务操作要求

请根据上述信息填制进口许可证申请表。

中华人民共和国进口许可证申请表

1. 进口商：　　　　代码			3. 进口许可证号：		
2. 收货人：			4. 进口许可证有效截止日期：　　　年　　月　　日		
5. 贸易方式：			8. 出口国（地区）：		
6. 外汇来源：			9. 原产地国（地区）：		
7. 报关口岸：			10. 商品用途：		
11. 商品名称：　　　　　　　　　　　商品编码：					
12. 规格、型号	13. 单位	14. 数量	15. 单价(USD)	16. 总值(USD)	17. 总值折美元
18. 总计					
19. 领证人姓名： 联系电话： 申请日期： 下次联系日期：		20. 签证机构审批（初审）：			
		终审：			

中华人民共和国商务部监制　　　　　　　　　　第一联（正本）签证机构存档

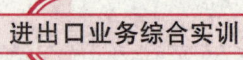

中华人民共和国进口许可证申请表

1. 进口商： 代码			3. 进口许可证号：		
2. 收货人：			4. 进口许可证有效截止日期： 年 月 日		
5. 贸易方式：			8. 出口国(地区)：		
6. 外汇来源：			9. 原产地国(地区)：		
7. 报关口岸：			10. 商品用途：		
11. 商品名称：			商品编码：		
12. 规格、型号	13. 单位	14. 数量	15. 单价(USD)	16. 总值(USD)	17. 总值折美元
18. 总计					
19. 领证人姓名： 联系电话： 申请日期： 下次联系日期：	不能获准原因： 1. 公司无权经营； 8. 第( )项须补充说明函； 2. 公司编码有误； 9. 第( )项与批件不符； 3. 到港不妥善； 10. 其他。 4. 品名与编码不符； 5. 单价(高)低； 6. 币别有误； 7. 漏填第( )项；				

中华人民共和国商务部监制   第二联(副本)取证凭证

工作任务二　签订购货合同

一、实训操作指南

1. 操作流程

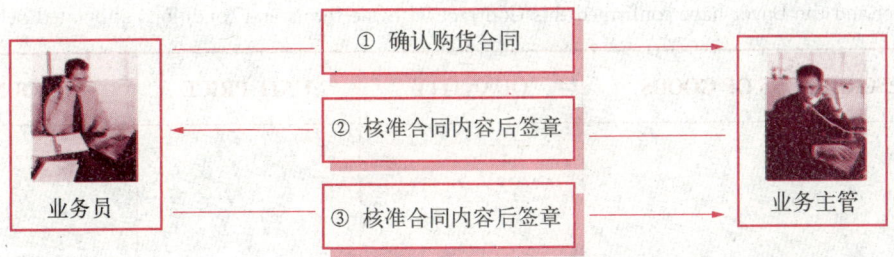

评析

● 购货合同通过国际快递进行传送,由买卖双方确认或签章。

● 购货合同经买卖双方签章后,各自留下一份作为履行合同的依据。

2. 操作要点

购货合同书没有统一规定,其固定条款内容都事先规定并印制好,通常一式两份由买方根据交易磋商达成的内容填入合同相关的条款内,经卖方确认后签章,并交买方签章。

3. 操作实例

凡是属于《实施进口许可证商品目录》范围内的商品,都应获取进口货物许可证后签订进口合同。否则,进口商如果进口许可证未获得签发将会处于被动局面。

方正进出口公司获得进口许可证后,由方正先生与 TOKYO IMPORT & EXPORT CORPORATION 的山田社长签订进口贸易合同。双方签章后,各持一份作为履行依据。

PURCHASE CONTRACT

TEL：021 - 56082266　　　　　　　　　　　　　　P/C NO.：TX 200523

FAX：021 - 56082265　　　　　　　　　　　　　　DATE：AUG. 25，2009

the buyer：FANGZHENG IMPORT & EXPORT CORPORATION

1321 ZHONGSHAN ROAD SHANGHAI, CHINA

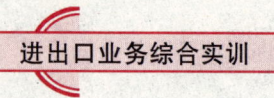
TEL：021－56082266 FAX：021－56082265

the seller：TOKYO IMPORT & EXPORT CORPORATION

82－324 OTOLI MACHITOKYO, JAPAN

TEL：028－548742 FAX：028－548743

The Seller and the Buyer have confirmed this Contract with the terms and conditions stipulated below.

DESCRIPTIONS OF GOODS	QUANTITY	UNIT PRICE	AMOUNT
WARENCH		CIP SHANGHAI	
HEX DEYS WRENCH	1 000 SETS	USD 10. 00	USD 10 000. 00
DOUBLE RING OFFSET WRENCH	1 500 SETS	USD 10. 00	USD 15 000. 00
CONBINATION WRENCH	2 000 SETS	USD 20. 00	USD 40 000. 00
ADJESTABLE WRENCH	1 500 SETS	USD 20. 00	USD 30 000. 00

1. COUNTRY OF ORIGIN AND MANUFACTURER: TOKYO IMPORT & EXPORT CORPORATION

2. PACKING: PACKED IN 1 CARTON OF 50 PCS EACH

3. AIRPORT OF LOADING: TOKYO AIRPORT

4. AIRPORT OF DESTINATION: SHANGHAI PUDONG AIRPORT

5. PAYMENT: IRREVOCABLE DOCUMENTARY CREIDT AT 30 DAYS AFTER SIGHT

6. PARTIAL SHIPMENTS: ALLOWED

7. TRANSHIPMENT: ALLOWED

8. LATEST SHIPMENT DATE: NOT LATER THAN OCT. 31, 2009

9. DOCUMENTS: THE SELLER SHALL PRESENT THE FOLLOWING DOCUMENTS TO THE PAYING BANK FOR NEGOTIATION:

   1) THREE COPIES OF SIGNED COMMERCIAL INVOICE INDICATING CONTRACT NUMBER.

   2) FULL SET OF B/L CLEAN ON BOARD, MADE OUT TO ORDER OF SHIPPER.

   3) THREE COPIES OF PACKING LIST.

   4) TWO COPIES OF CERTIFICATE OF QUALITY ISSUED BY MANUFACTURE.

   5) FULL SET OF NEGOTIABLE INSURANCE POLICY FOR 110 PERCENT OF THE INVOICE VALUE COVERING AIR TRANSPORTATION ALL RISKS.

   6) WITHIN 12 HOURS AFTER THE GOODS ARE COMPLERELY LOADED, THE SELLER SHALL FAX TO NOTIFY THE BUYER OF THE CONTRACT NUMBER, NAME OF COMMODITY, QUANTITY, GROSS WEIGHT, B/L NO. AND THE DATE OF DELIVERY.

10. INSPECTION AND CLAIMS: IF THE QUALITY/WEIGHT AND/OR THE SPECIFICATIONS OF THE GOODS SHOULD BE FOUND NOT IN LINE WITH THE CONTRACTED STIPULATIONS, OR SHOULD THE GOODS PROVE DEFECTIVE FOR ANY REASONS, INCLUDING LATENT DEFECT OR THE USE OF UNSUITABLE MATERIALS, THE BUYER WOULD ARRANGE AN INSPECTION TO BE CARRIED OUT BY THE INSPECTION BUREAU AND HAVE THE RIGHT TO CLAIM AGAINST THE SELLER ON THE STRENGTH OF THE INSPECTION CERTIFICATE ISSUED BY THE BUREAU. ALL CLAIMS SHALL BE REGARDED AS ACCEPTED IF THE SELLER FAIL TO REPLY WITHIN 30 DAYS AFTER RECEIPT OF THE BUYER'S CLAIM.

BUYER:

FANGZHENG IMPORT & EXPORT CORPORATION
方正

SELLER: TOKYO IMPORT & EXPORT CORPORATION

TOKYO IMPORT & EXPORT CORPORATION
山田

二、实训操作

1. 业务操作背景

上海进出口公司办理好进口许可证后,由王敏小姐拟订购货贸易合同一式两份,经双方合同当事人签章后,各留下一份作为履行合同的依据。

2. 业务操作资料

合同号码：SH100501

合同日期：AUG. 20，2010

进 口 商：SHANGHAI IMPORT & EXPORT CORPORATION

21 ZHONGSHAN ROAD SHANGHAI，CHINA

通讯号码：TEL：021－56082266　FAX：021－56082265

出 口 商：PITER IMPORT & EXPORT CORPORATION

NO. 324 TOLI MACH HAMBURG，GERMANY

TEL：0049－5484215　FAX：0049－5484216

货名规格：COLOR INKJET PRINTER

单　　价：RO123 USD 110.00/PC、RO122 USD 125.00/PC、RO145 USD 120.00/PC

RO168 USD 115.00/PC　CIP SHANGHAI

包　　装　：PACKED IN 1 CARTON OF 10 SETS EACH

装运时间：NOT LATER THAN SEP. 20，2010

启 运 地：HAMBURG AIRPORT

目 的 地：SHANGHAI PUDONG AIRPORT

支付方式：IRREVOCABLE DOCUMENTARY CREIDT AT 60 DAYS AFTER SIGHT

分批装运：ALLOWED

装　　运：ALLOWED

保　　险：FOR 110 PERCENT OF THE INVOICE VALUE COVERING AIR TRANSPORTATION ALL RISKS.

议付单据：1）THREE COPIES OF SIGNED COMMERCIAL INVOICE INDICATING CONTRACT NUMBER.

2）THREE COPIES OF PACKING LIST.

3）TWO COPIES OF CERTIFICATE OF QUALITY ISSUED BY MANUFACTURE.

4）FULL SET OF NEGOTIABLE INSURANCE POLICY FOR 110 PERCENT OF THE INVOICE VALUE COVERING AIR TRANSPORTATION ALL RISKS.

5）WITHIN 12 HOURS AFTER THE GOODS ARE COMPLETELY LOADED, THE SELLER SHALL FAX TO NOTIFY THE BUYER OF THE CONTRACT NUMBER, NAME OF COMMODITY, QUANTITY, GROSS WEIGHT, B/L NO. AND THE DATE OF DELIVERY.

3. 业务操作要求

请根据有关信息拟订下列购货合同内容。

SHANGHAI IMPORT & EXPORT CORPORATION
21 ZHONGSHAN ROAD SHANGHAI, CHINA
PURCHASE CONTRACT

TEL：_____　　　　　　　　　　　　P/C NO.：_____
FAX：_____　　　　　　　　　　　　DATE：_____

the buyer：　　　　　　　　　　　　the seller：

The Seller and the Buyer have confirmed this Contract with the terms and conditions stipulated below.

DESCRIPTIONS OF GOODS	QUANTITY	UNIT PRICE	AMOUNT

1. COUNTRY OF ORIGIN AND MANUFACTURER：

2. PACKING：

3. LATEST DATE OF SHIPMENT：

4. AIRPORT OF LOADING：

5. AIRPORT OF DESTINATION：

6. PAYMENT：

7. PARTIAL SHIPMENTS：

8. TRANSHIPMENT：

9. INSURANCE：

10. DOCUMENTS：THE SELLER SHALL PRESENT THE FOLLOWING DOCUMENTS TO THE PAYING BANK FOR NEGOTIATION：

　　1)

　　2)

　　3)

　　4)

11. INSPECTION AND CLAIMS：IF THE QUALITY/WEIGHT AND/OR THE SPECIFICATIONS OF THE GOODS SHOULD BE FOUND NOT IN LINE WITH THE CONTRACTED STIPULATIONS, OR SHOULD THE GOODS PROVE DEFECTIVE FOR ANY REASONS, INCLUDING LATENT DEFECT OR THE USE OF UNSUITABLE MATERIALS, THE BUYER WOULD ARRANGE AN INSPECTION TO BE CARRIED OUT BY THE INSPECTION BUREAU AND HAVE THE RIGHT TO CLAIM AGAINST THE SELLER ON THE STRENGTH OF THE INSPECTION CERTIFICATE ISSUED BY THE BUREAU. ALL CLAIMS SHALL BE REGARDED AS ACCEPTED IF THE SELLER FAIL TO REPLY WITHIN 30 DAYS AFTER RECEIPT OF THE BUYER'S CLAIM.

BUYER：　　　　　　　　　　　　SELLER：

综合业务模拟操作

一、实训操作资料

上海玩具进出口公司与 YMDA IMPORT & EXPORT CORPORATION 就电子手掌玩具交易条件达成一致意见后,要求其出具形式发票。张成先生收到 YMDA IMPORT & EXPORT CORPORATION 出具的形式发票后,持主管部门有关批准进口文件等资料向上海市商务委员会主管部门申请签发进口许可证。上海玩具进出口公司获得进口许可证后,由张成先生与 YMDA IMPORT & EXPORT CORPORATION 的山田社长签订购货合同。双方签章后,各持一份作为履行合同的依据。具体操作资料如下:

进 口 商:上海玩具进出口公司(代码　3101368029)

公司地址:13 FENXIANG ROAD SHANGHAI, CHINA

通讯方式:TEL 021 - 56082212

　　　　　FAX 021 - 56082211

商品名称:电子手掌玩具

数　　量:R222S 1 000 台、R333H 1 000 台、R666W 1 000 台、R888A 1 000 台

商品编码:9503.9000

原产地国:日本

装运期限:不迟于 2010 年 10 月 31 日前装运(LATEST DATE OF SHIPMENT:101031)

报关口岸:上海浦东机场

外汇来源:银行购汇

商品用途:自营内销

申请日期:2010 年 8 月 20 日

出 口 商:YMDA IMPORT & EXPORT CORPORATION

公司地址:82 OTOLI MACHI OSKA, JAPAN

通讯方式:TEL 028 - 548 - 742

　　　　　FAX 028 - 548 - 743

合同号码:TX06238

合同日期:2010 年 9 月 25 日

单　　价:R222S USD 50.00/PC、R333H USD 45.00/PC、R666W USD 35.00/PC、R888A USD 20.00/PC,CIP SHANGHAI

包　　装:每 20 套装一个出口纸箱(PACKED IN 1 CARTON OF 20 SETS EACH)

装 运 地:大阪机场(OSKA AIRPORT)

目 的 地:上海浦东机场(SHANGHAI PUDONG AIRPORT)

唛　　头：由卖方制定(BY THE SELLER)

支付方式：不可撤销跟单即期信用证(IRREVOCABLE DOCUMENTARY CREIDT AT SIGHT)

分批装运：不允许(NOT ALLOWED)

装　　运：不允许(NOT ALLOWED)

议付单据：1）已签字的商业发票一式五份，并显示合同号(FIVE COPIES OF SIGNED COMMERCIAL INVOICE INDICATING CONTRACT NUMBER)。

2）装箱单一式五份(FIVE COPIES OF PACKING LIST)。

3）品质证书一式两份，由厂商签发(TWO COPIES OF CERTIFICATE OF QUALITY ISSUED BY MANUFACTURE)。

4）全套保险单，按发票金额投航空一切险(FULL SET OF NEGOTIABLE INSURANCE POLICY FOR 110 PERCENT OF THE INVOICE VALUE COVERING AIR TRANSPORTATION ALL RISKS)。

5）在装船后12小时内用传真向买方发出装运通知，它包含合同号、货名、数量毛重、提单号和装运日期等(WITHIN 12 HOURS AFTER THE GOODS ARE COMPLERELY LOADED, THE SELLER SHALL FAX TO NOTIFY THE BUYER OF THE CONTRACT NUMBER, NAME OF COMMODITY, QUANTITY, GROSS WEIGHT, B/L NO. AND THE DATE OF DELIVERY)。

二、实训操作要求

1. 请你根据上述信息，以上海玩具进出口公司业务员张成的身份填写进口许可证申请表。

中华人民共和国进口货物许可证申请表

1. 进口商：　　　　代码		3. 进口许可证号：
2. 收货人：		4. 进口许可证有效截止日期： 　　　　年　　月　　日
5. 贸易方式：		8. 出口国(地区)：
6. 外汇来源：		9. 原产地国(地区)：
7. 报关口岸：		10. 商品用途：
11. 商品名称：		商品编码：

（续上）

12. 规格、型号	13. 单位	14. 数量	15. 单价(USD)	16. 总值(USD)	17. 总值折美元
18. 总计：					

19. 领证人姓名： 联系电话： 申请日期： 下次联系日期：	20. 签证机构审批(初审)： 终审：

中华人民共和国商务部监制　　　　　　　　　　第一联(正本)签证机构存档中

中华人民共和国进口货物许可证申请表

1. 进口商：　　　　　代码	3. 进口许可证号：
2. 收货人：	4. 进口许可证有效截止日期： 　　　　　　　　年　　月　　日
5. 贸易方式：	8. 出口国(地区)：
6. 外汇来源：	9. 原产地国(地区)：
7. 报关口岸：	10. 商品用途：
11. 商品名称：　　　　　　　　　　商品编码：	

12. 规格、型号	13. 单位	14. 数量	15. 单价(USD)	16. 总值(USD)	17. 总值折美元
18. 总计					

19. 领证人姓名： 联系电话： 申请日期： 下次联系日期：	不能获准原因： 1. 公司无权经营；　　　　　6. 币别有误； 2. 公司编码有误；　　　　　7. 漏填第(　　)项； 3. 到港不妥善；　　　　　　8. 第(　　)项须补充说明函； 4. 品名与编码不符；　　　　9. 第(　　)项与批件不符； 5. 单价(高)低；　　　　　　10. 其他。

中华人民共和国商务部监制　　　　　　　　　　第二联(副本)取证凭证

2. 请你根据上述信息，以上海玩具进出口公司业务员张成的身份填写购货合同。

上海玩具进出口公司
SHANGHAITOY IMPORT & EXPORT CORPORATION
13 FENXIANG ROAD SHANGHAI, CHINA
PURCHASE CONTRACT

TEL：_____   P/C NO. : _____
FAX：_____   DATE：_____

the buyer：

the seller：

The seller and the buyer have confirmed this Contract with the terms and conditions stipulated below.

DESCRIPTIONS OF GOODS	QUANTITY	UNIT PRICE	AMOUNT

1. COUNTRY OF ORIGIN AND MANUFACTURER：

2. PACKING：

3. LATEST DATE OF SHIPMENT：

4. AIRPORT OF LOADING：

5. AIRPORT OF DESTINATION：

6. PAYMENT：

7. PARTIAL SHIPMENTS：

8. TRANSHIPMENT：

9. DOCUMENTS：THE SELLER SHALL PRESENT THE FOLLOWING DOCUMENTS TO THE PAYING BANK FOR NEGOTIATION：

1) _____ COPIES OF SIGNED COMMERCIAL INVOICE INDICATING CONTRACT NUMBER OF _____.

2) _____ COPIES OF PACKING LIST.

3) _____ COPIES OF CERTIFICATE OF QUALITY QUANTITY ISSUED BY MANUFACTURE.

4) FULL SET OF NEGOTIABLE INSURANCE POLICY FOR 110 PERCENT OF THE INVOICE VALUE COVERING AIR TRANSPORTATION ALL RISKS.

5) WITHIN _____ HOURS AFTER THE GOODS ARE COMPLERELY LOADED, THE SELLER SHALL FAX TO NOTIFY THE BUYER OF THE CONTRACT NUMBER, NAME OF COMMODITY, QUANTITY, GROSS WEIGHT, B/L NO. AND THE DATE OF DELIVERY.

（continued）

10. INSPECTION AND CLAIMS: IF THE QUALITY/WEIGHT AND/OR THE SPECIFICATIONS OF THE GOODS SHOULD BE FOUND NOT IN LINE WITH THE CONTRACTED STIPULATIONS, OR SHOULD THE GOODS PROVE DEFECTIVE FOR ANY REASONS, INCLUDING LATENT DEFECT OR THE USE OF UNSUITABLE MATERIALS, THE BUYER WOULD ARRANGE AN INSPECTION TO BE CARRIED OUT BY THE INSPECTION BUREAU AND HAVE THE RIGHT TO CLAIM AGAINST THE SELLER ON THE STRENGTH OF THE INSPECTION CERTIFICATE ISSUED BY THE BUREAU. ALL CLAIMS SHALL BE REGARDED AS ACCEPTED IF THE SELLER FAIL TO REPLY WITHIN 30 DAYS AFTER RECEIPT OF THE BUYER'S CLAIM.

BUYER: SELLER:

项目三

进口合同履行——信用证开立

实训要求

- 了解申请购汇需要提交的单证。
- 熟悉开证申请的程序及要求。
- 掌握购汇申请书的缮制方法和要求。
- 掌握开证申请书的缮制方法和要求。
- 掌握信用证修改申请书的缮制方法。

业务操作背景

　　方正进出口公司在合同规定的开证时间内,向中国银行上海分行购汇,并通过该银行及时向 TOKYO IMPORT & EXPORT CORPORATION 开出本批交易的不可撤销跟单远期信用证。对此,方正先生填写购汇申请书和开证申请书,向中国银行上海分行办理开立信用证申请手续。

工作任务一　申请购买外汇

一、实训操作指南

1. 操作流程

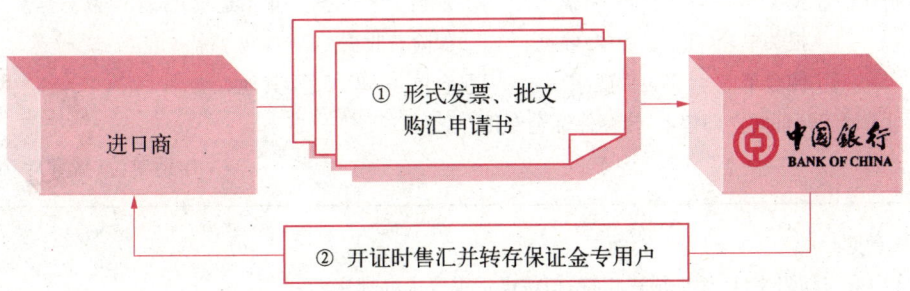

评析

● 如果是一般进口商品,购汇时无须提供批文。

● 购汇申请书向开户银行获取。

● 各银行的购汇申请书的格式不尽相同,但内容基本一致。

2. 操作要点

进口商申请购汇时,需要提供已填写的购汇申请书、合同、形式发票和主管部门有关批准进口文件。购汇申请书应根据合同、形式发票的有关内容填写。

3. 操作实例

方正进出口公司收到 TOKYO IMPORT & EXPORT CORPORATION 签发的形式发票后,由方正先生持主管部门有关批准进口文件等资料向中国银行上海分行申请购买外汇,填写购汇申请书。

　　　　　　　　　　　　　　　　　购买外汇申请书

中国银行上海分(支)行:

　　我公司为执行第<u>TX200523</u>号合同项下对外支付,需向贵行购汇。现按外汇局有关规定向贵行提出下述内容及所附文件,请审核并按实际付汇日牌价办理售汇。所需人民币资金从我公司在贵行账户 <u>SZR80066686</u> 中支付。

1. 购汇金额: USD 95 000.00

2. 用　　途: ☑ 进口商品　　□ 从附费用　　□ 索退赔款　　　　□ 其他

3. 支付方式: ☑ 信用证　　　□ 托收　　　□ 汇款(□ 货到付款 □ 预付货款)

4. 商品名称: 扳手

5. 数　　量: 6 000 套

6. 合同号: TX200523　　　　　金额: USD 95 000.00

7. 发票号: IN05791　　　　　　金额: USD 95 000.00

8. □ 一般进口商品,无须批文。

　　☑ 控制进口商品,批文随附如下:

　　　　□ 进口证明　　☑ 许可证　　　□ 登记证明　　　　□ 其他批文

　　　　批文号码:　　　　批文有效期:

9. 附件: □ 批文　　☑ 合同/协议　　☑ 发票　　　□ 正本运单

　　　　□ 报关单　　□ 运费单/收据　　□ 保险费收据

　　　　□ 佣金单　　□ 关税证明　　　□ 仓单　　　　□ 其他

10. ☑ 请于开证时立即售汇,转存保证金专用户。

　　　　　　　　　　　　　　　　　　　　申请单位(盖章): 方正

银行审核意见:

　　上述内容与随附文件/凭证描述相符,拟按申请书要求办理售汇。

（续上）

经办人：夏迎　　　　　复核人：张立　　　　核准人：李蓝

售汇日期：2009.08.12

（加盖售汇专用章）

中国银行上海分行
汇款专用章

二、实训操作

1. 业务操作背景

上海进出口公司收到 PITER IMPORT & EXPORT CORPORATION 签发的形式发票后，由王敏小姐持主管部门有关批准进口文件等资料向中国银行上海分行申请购买外汇，填写购汇申请书。

2. 业务操作资料

购汇银行：中国银行上海分行

合同号码：SH 100501

发票日期：PI 9857

公司账号：1067548211

购汇金额：470 000 美元

商品名称：彩色喷墨打印机

数　　量：4 000 台

用　　途：控制进口商品

随附单证：许可证、合同、发票

售汇日期：2010 年 8 月 22 日

3. 业务操作要求

请根据有关信息填写下列购汇申请书。

购买外汇申请书

中国银行_____分（支）行：

　　我公司为执行第_____号合同项下对外支付，需向贵行购汇。现按外汇局有关规定向贵行提出下述内容及所附文件，请审核并按实际付汇日牌价办理售汇。所需人民币资金从我公司在贵行账户中_____支付。

1. 购汇金额：

2. 用　　途：□ 进口商品　　□ 从附费用　　□ 索退赔款　　　　　□ 其他

3. 支付方式：□ 信用证　　　□ 托收　　　□ 汇款（□ 货到付款 □ 预付货款）

4. 商品名称：

5. 数　　量：

6. 合同号：　　　　　　　金额：

7. 发票号：　　　　　　　金额：

8. □ 一般进口商品，无须批文。

（续上）

☐ 控制进口商品，批文随附如下：

    ☐ 进口证明   ☐ 许可证   ☐ 登记证明   ☐ 其他批文

    批文号码：   批文有效期：

9. 附件：☐ 批文   ☐ 合同/协议   ☐ 发票   ☐ 正本运单

          ☐ 报关单 ☐ 运费单/收据 ☐ 保险费收据

          ☐ 佣金单 ☐ 关税证明 ☐ 仓单   ☐ 其他

10. ☐ 请于开证时立即售汇，转存保证金专用户。

                                  申请单位（盖章）：

银行审核意见：

    上述内容与随附文件/凭证描述相符，拟按申请书要求办理售汇。

    经办人：   复核人：   核准人：

    售汇日期：

    （加盖售汇专用章）

工作任务二　开立信用证

一、实训操作指南

1. 操作流程

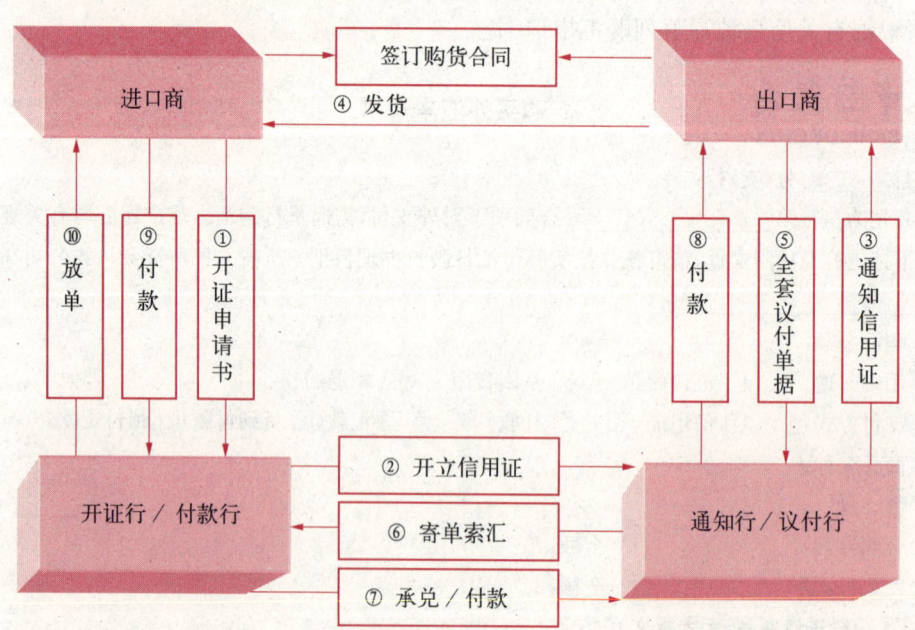

评析

- 进口商须在合同规定的时限内向当地能被出口方接受的银行申请开证。
- 首次办理开证业务,要办理保证金账户的开立手续。
- 开证申请提交的材料主要包括:开证申请书、贸易合同、外贸进口批文(如进口配额许可类证明、机电产品进口登记证明等)、外管部门规定的有关文件(如购汇申请书、进口付汇核销单、进口付汇备案表等),如为首次办理开证业务,还须提供经营进出口业务的批文、工商营业执照等。
- 开证行根据进口商的资信和业务的不同性质收取押金或保证金。

2. 操作要点

开证申请书的缮制方法如下:

(1) 受益人(Beneficiary)

受益人是指提交符合信用证条款规定的单据并收取该信用证项下款项的企业,通常为出口商。本栏填写其全称和详细地址。

(2) 信用证号(L/C No.)

本栏由开证行填写。

(3) 快递单号(Ex-Card No.)

本栏根据需要填写。

(4) 合同号(Contract No.)

本栏根据本笔业务的合同填写。

(5) 信用证的有效期与地点(Date and place of expiry of the credit)

信用证有效期的长短应视交易的具体情况而定,地点通常为受益人国家。

(6) 分批装运(Partial shipments)

本栏根据合同对分批装运的规定,用"×"选择允许或不允许。

(7) 转运(Transshipment)

本栏根据合同对转运的规定,用"×"选择允许或不允许。

(8) 航空邮寄开证(Issue by air Mail)

合同规定开证方式为信开,则在前框内画"×"。

(9) 简电通知(With brief advice by teletransmission)

简电通知是受益人为在开证前预先获知开证及信用证的主要内容而采用的形式,但有效的信用证将是随后寄出的正式信用证文本。合同规定开证方式为简电通知,则在前框内画"×"。

(10) 信开(Issued by express delivery)

简电开证并用快递将证实书告知对方的方式。合同规定开证方式为信开,则在前框内画"×"。

（11）电讯开证(Issued by teletransmission)

电讯开证包括以电报、电传、传真及数据传送网络(如 SWIFT)等方式传送信用证，通常由开证行决定采用何种电讯传递方式。合同规定开证方式为电开，则在前框内画"×"。

（12）装运港(Loading on board/dispatch taking in change at/from)

not later than 表示不迟于，for transportation to 表示运至。本栏根据合同的规定填写运输路线和装运日期。

（13）金额大小写［Amount (both in figures and words)］

本栏按照合同的规定用大小写填写总金额。

（14）货物描述(Description of goods)

Packing 表示包装。本栏根据合同的规定填写货物名称、规格和包装方式。

（15）信用证类别(Credit available with)

by sight payment 表示即期付款，by acceptance 表示承兑，by negotiation 表示议付，by deferred payment at 表示迟期付款。本栏根据合同的规定用"×"选择信用证的种类，并填写汇票金额。

（16）贸易术语(Trade terms)

本栏根据合同的规定用"×"选择 FOB、CFR、CIF 贸易术语，其他贸易术语可在"or other terms"后面补充。

（17）所需单据(Documents required)

本栏根据合同的规定或进口商的要求，用"×"选择单据的类别及要求，并填写需求的份数。

（18）附加条款(Additional instructions)

本栏根据开证行或进口商的要求，用"×"选择相关内容。

（19）账号(Account No.)

本栏填写开证申请人的开户银行账号。

（20）银行名称(Name of bank)

本栏填写开证银行名称。

（21）经办人(Transacted by)

本栏填写开证申请人及经办人名称。

（22）电话号码(Telephone No.)

本栏填写开证申请人的电话号码。

3. 操作实例

方正进出口公司向中国银行上海分行购汇后，在合同规定的开证时间内，通过该银行向TOKYO IMPORT & EXPORT CORPORATION 开出本批交易的不可撤销跟单远期信用证。为此，方正先生要办理开证手续，填写开证申请书，并通知公司财务部转账开证费和保证金。

IRREVOCABLE DOCUMENTARY CREDIT APPLICATION

To：BANK OF CHINA   Date：AUG. 27，2009

Beneficiary (full name and address) TOKYO IMPORT & EXPORT CORPORATION 82 – 324 OTOLI MACHITOKYO，JAPAN	L/C No. Ex Card No. Contract No.　　TX200523

	Date and place of expiry of the credit SEP. 20，2009　JAPAN

Partial shipments	Transshipment	
⊠ allowed ☐ not allowed	⊠ allowed ☐ not allowed	☐ Issue by airmail ☐ With brief advice by teletransmission ☐ Issue by express delivery ⊠ Issue by teletransmission（which shall be the operative instrument)

Loading on board/dispatch taking in change at/from TOKYO AIRPORT not later than　OCT. 31，2009 for transportation to SHANGHAI PUDONG AIRPORT	Amount（both in figures and words) USD 95 000. 00 SAY U. S. DULLARS NINETY FIVE THOUSAND ONLY

Description of goods HEX DEYS WRENCH DOUBLE RING OFFSET WRENCH CONBINATION WRENCH ADJESTABLE WRENCH Packing：PACKED IN CARTON OF 50 SET EACH	Credit available with ☐ by sight payment ⊠ by acceptance ⊠ by negotiation ☐ by deferred payment at against the documents detailed herein ⊠ and beneficiary's draft for 100% of the invoice value at USD 95 000. 00 on 30 DAYS AFTER SIGHT
	☐ FOB　　　☐ CFR　　　☐ CIF ⊠ or other terms CIP

Documents required：(marks with ×)

1. (×) Signed Commercial Invoice in 3 copies indicating L/C No. and Contract No. TX200523.
2. ( ) Full set of clean on board ocean Bills of Landing made out to ORDER OF SHIPPER and blank endorsed，marked "freight [ ] to collect/[ ] prepaid [ ] showing freight amount" notifying APPLICANT.
3. ( ) Air Waybills showing "freight [ ] to collect/[ ] prepaid [ ] including freight amount" and consigned to
4. ( ) Memorandum issued by　　　consigned to
5. (×) Insurance Policy/Certificate in copes for 100% of the invoice value showing claims payable in China in currency of the draft，blank endorsed，covering [ ] Ocean Marine Transportation/ [×] Air Transportation/[ ] Over Land Transportation all risks.

(continued)

6. (×) Parking List/Weight Memo in 3 copies issued by the quantity/gross and the weights of each packing and packing condition as called by the L/C.

7. ( ) Certificate of Quantity/Weight in copies issued by an independent surveyor at loading port, indicating the actual surveyed quantity/weight of shipped goods as well as the packing condition.

8. (×) Certificate of Quality in 2 copies issued by [×] manufacturer/[ ] public recognized surveyor/ [ ]

9. (×) Beneficiary's certified copy of cable dispatched to the accountees within 12 hours after shipment advising [×] name of vessel/[ ] flight No. /[ ] wagon No. , date quantity, weight and value of shipment.

10. ( ) Beneficiary's Certifying that extra copies of the documents have been dispatched according to the contract terms.

11. ( ) Shipping Co's Certificate attesting that the carrying vessel is chartered or booked by accountee or their shipping agents.

12. ( ) Other documents, if any.

Additional instructions:

1. (×) All banking charges outside the opening bank are for beneficiary's account.

2. (×) Documents must be presented with 15 days after the date of issuance of the transport documents but with the validity of this credit.

3. (×) Third party as shipper is not acceptable. Short Form/Blank Back B/L is not acceptable.

4. ( ) Both quantity and amount　　% more or less are allowed.

5. ( ) prepaid freight drawn in excess of L/C amount is acceptable against presentation of original charges voucher issued by shipping Co. /Air Line/or it's agent.

6. ( ) All documents to be forwarded in one cover, unless otherwise started above.

7. ( ) Other terms, if any.

Account No. : 67548211　　　　　　　　　BANK OF CHINA　　　(Name of bank)

Transacted by: FANGZHENG IMPORT & EXPORT CORPORATION (Applicant: name, signature of authorized person)

Telephone No. : 56082266　　　　　　　　　方正　　　　(with seal)

中国银行上海分行开出下列信用证：

IRREVOCABLE DOCUMENTARY CREDIT

SEQUENCE OF TOTAL	*27:	1/1
FORM OF DOC, CREDIT	*40A:	IRREVOCABLE
DOC. CREDIT NUMBER	*20:	XT 173
DATE OF ISSUE	31C:	090827
APPLICABLE RULES	40E:	UCP LATEST VERSION
DATE AND PLACE OF EXPIRY	*31D:	DATE 091125 AT BENEFICIARY'S COUNTER
APPLICANT	*50:	FANGZHENG IMPORT & EXPORT CORPORATION 1321 ZHONGSHAN ROAD SHANGHAI, CHINA

(continued)

ISSUING BANK	52A:	BANK OF CHINA SHANGHAI BRANCH
		100 ZHONGSHAN ROAD SHANGHAI, CHINA
BENEFICIARY	*59:	TOKYO IMPORT & EXPORT CORPORATION
		82-324 OTOLI MACHITOKYO, JAPAN
AMOUNT	*32B:	CURRENCY USD AMOUNT 95000.00
AVAILABLE WITH/BY	*41D:	BANK OF CHINA BY NEGOTIATION
DRAFTS AT ...	42C:	DRAFTS AT 30 DAYS AFTER SIGHT
		FOR FULL INVOICE COST
DRAWEE	42A:	BANK OF CHINA SHANGHAI BRANCH
PARTIAL SHIPMENTS	43P:	ALLOWED
TRANSSHIPMENT	43T:	ALLOWED
LOADING ON BOARD	44A:	TOKYO AIRPORT
FOR TRANSPORTATION TO ...	44B:	SHANGHAI PUDONG AIRPORT
LATEST DATE OF SHIPMENT	44C:	091031
DESCRIPT OF GOODS	45A:	WRENCH AS PER S/C NO. TX 200523 CPT SHANGHAI

DOCUMENTS REQUIRED   46A:

+ SIGNED COMMERCIAL INVOICE 3 COPIES.

+ PACKING LIST 3 COPIES.

+ TWO COPIES OF CERTIFICATE OF QUALITY ISSUED BY MANUFACTURE.

+ FULL SET OF NEGOTIABLE INSURANCE POLICY OR CERTIFICATE BLANK ENDORSED FOR 110 PERCENT OF THE INVOICE VALUE COVERING AIR TRANSPORTATION ALL RISKS.

+ WITHIN 12 HOURS AFTER THE GOODS ARE COMPLERELY LOADED, THE SELLER SHALL FAX TO NOTIFY THE BUYER OF THE CONTRACT NUMBER, NAME OF COMMODITY, QUANTITY, GROSS WEIGHT, B/L NO. AND THE DATE OF DELIVERY.

PERIOD FOR PRESENTATION	48:	DOCUMENTS MUST BE PRESENTED WITHIN 15 DAYS AFTER THE DATE OF SHIPMENT

二、实训操作

1. 业务操作背景

上海进出口公司向中国银行上海分行购汇后,在合同规定的开证时间内,通过该银行向 PITER IMPORT & EXPORT CORPORATION 开出本批交易的不可撤销跟单远期信用证。为此,王敏小姐向中国银行上海分行办理开证手续,填写开证申请书,并通知公司财务部转账开证费和保证金。

2. 业务操作资料

开 证 行:中国银行上海分行

开证日期:2010 年 8 月 22 日

受 益 人:PITER IMPORT & EXPORT CORPORATION

合同号码:SH 100501

分批装运:允许

装　　运：允许

开证方式：电开

装运时间：不迟于 2010 年 9 月 20 日

装　运　地：汉堡机场

目　的　地：上海浦东机场

信用证金额：470 000 美元

商品名称：彩色喷墨打印机（货号 RO123、RO122、RO145、RO168）

支付方式：60 DAYS AFTER SIGHT

贸易术语：CIP

议付单据：1) 3 份已签字的发票，并注明合同号；2) 3 份装箱单；3) 2 份由厂商出具的品质证书和数量证书；4) 全套保险单，按发票金额投航空一切险；5) 装船后 12 小时内用传真发出装运通知，包括合同号、商品名称、数量、毛重、提单号和装船日期等。

开　证　人：上海进出口公司（公司账号 1067548211　电话 021-56082266）

3. 业务操作要求

请根据有关信息填写下列开证申请书。

IRREVOCABLE DOCUMENTARY CREDIT APPLICATION

To：BANK OF CHINA　　　　　　　　　　　　　　　　　　　　Date：

Beneficiary (full name and address)	L/C No. Ex Card No. Contract No.
	Date and place of expiry of the credit

Partial shipments ☐ allowed ☐ not allowed	Transshipment ☐ allowed ☐ not allowed	☐ Issue by airmail ☐ With brief advice by teletransmission ☐ Issue by express delivery ☐ Issue by teletransmission (which shall be the operative instrument)
Loading on board/dispatch taking in change at/from not later than for transportation to		Amount (both in figures and words)

(continued)

Description of goods	Credit available with ☐ by sight payment ☐ by acceptance ☐ by negotiation ☐ by deferred payment at against the documents detailed herein ☐ and beneficiary's draft for 　　% of the invoice value at on
Packing：	☐ FOB　　☐ C&F　　☐ CIF ☐ or other terms

Documents required：(marks with ×)

1. (　) Signed Commercial Invoice in　copies indicating L/C No. and Contract No.
2. (　) Full set of clean on board ocean Bills of Landing made out to　　and blank endorsed, marked "freight〔　〕to collect/〔　〕prepaid〔　〕showing freight amount" notifying
3. (　) Air Waybills showing "freight〔　〕to collect/〔　〕prepaid〔　〕including freight amount" and consigned to
4. (　) Memorandum issued by　　　consigned to
5. (　) Insurance Policy/Certificate in copes for　　% of the invoice value showing claims payable in China in currency of the draft, blank endorsed, covering (〔　〕Ocean Marine Transportation/〔　〕Air Transportation/〔　〕Over Land Transportation) All Risks, War Risks.
6. (　) Parking List/Weight Memo in　copies issued by the quantity/gross and the weights of each packing and packing condition as called by the L/C.
7. (　) Certificate of Quantity/Weight in copies issued by an independent surveyor at loading port, indicating the actual surveyed quantity/weight of shipped goods as well as the packing condition.
8. (　) Certificate of Quality in　copies issued by〔　〕manufacturer/〔　〕public recognized surveyor/〔　〕
9. (　) Beneficiary's certified copy of cable dispatched to the accountees within　hours after shipment advising〔　〕name of vessel/〔　〕flight No. /〔　〕wagon No. , date quantity, weight and value of shipment.
10. (　) Beneficiary's Certifying that extra copies of the documents have been dispatched according to the contract terms.
11. (　) Shipping Co's Certificate attesting that the carrying vessel is chartered or booked by accountee or their shipping agents.
12. (　) Other documents, if any.

Additional instructions：

1. (　) All banking charges outside the opening bank are for beneficiary's account.
2. (　) Documents must be presented with　days after the date of issuance of the transport documents but with the validity of this credit.
3. (　) Third party as shipper is not acceptable. Short Form/Blank Back B/L is not acceptable.
4. (　) Both quantity and amount　% more or less are allowed.
5. (　) prepaid freight drawn in excess of L/C amount is acceptable against presentation of original charges voucher issued by shipping Co. /Air Line/or it's agent.
6. (　) All documents to be forwarded in one cover, unless otherwise started above.
7. (　) Other terms, if any.

Account No. :	with　　　　　(Name of bank)
Transacted by：	(Applicant：name, signature of authorized person)
Telephone No. :	(with seal)

中国银行上海分行开出下列信用证。

IRREVOCABLE DOCUMENTARY CREDIT

SEQUENCE OF TOTAL   * 27：   1/1
FORM OF DOC，CREDIT   * 40A： IRREVOCABLE
DOC. CREDIT NUMBER   * 20：   ZYS 10828
DATE OF ISSUE   31C：   100822
APPLICABLE RULES   40E：   UCP LATEST VERSION
DATE AND PLACE OF EXPIRY   * 31D： DATE 101020 PLACE BENEFICIARY' COUNTRY
APPLICANT   * 50：   SHANGHAI IMPORT & EXPORT CORPORATION
                                        21 ZHONGSHAN ROAD SHANGHAI, CHINA
ISSUING BANK   52A：   BANK OF CHINA SHANGHAI BRANCH
                                        100 ZHONGSHAN 1 ROAD SHANGHAI, CHINA
BENEFICIARY   * 59：   PITER IMPORT & EXPORT CORPORATION
                                        NO. 324 TOLI MACH HAMBURG, GERMANY
AMOUNT   * 32B： CURRENCY USD AMOUNT470 000. 00
AVAILABLE WITH/BY   * 41D： ANY BANK IN GERMANY
                                        BY NEGOTIATION
DRAFTS AT ...   42C：   DRAFTS 60 DAYS AFTER SIGHT
                                        FOR FULL INVOICE COST
DRAWEE   42A：   BANK OF CHINA SHANGHAI BRANCH
PARTIAL SHIPMENTS   43P：   ALLOWED
TRANSSHIPMENT   43T：   ALLOWED
LOADING ONAIRPORT   44A：   HAMBURG AIRPORT
FOR TRANSPORTATION TO ...   44B：   SHANGHAI PUDONG AIRPORT
LATEST DATE OF SHIPMENT   44C：   100920
DESCRIPT OF GOODS   45A：   COLOR INKJET PRINTER   AS PER S/C NO. SH
                                        100501 CIP SHANGHAI

DOCUMENTS REQUIRED   46A：
+ SIGNED COMMERCIAL INVOICE 3 COPIES.
+ PACKING LIST 3 COPIES.
+ FULL SET OF NEGOTIABLE INSURANCE POLICY OR CERTIFICATE BLANK ENDORSED FOR 110 PERCENT OF THE INVOICE VALUE COVERING AIR TRANSPORTATION ALL RISKS.
+ CERTIFICATE OF QUALITY 2 COPIES
+ WITHIN 12 HOURS AFTER THE GOODS ARE COMPLETELY LOADED, THE SELLER SHALL FAX TO NOTIFY THE BUYER OF THE CONTRACT NUMBER, NAME OF COMMODITY, QUANTITY, GROSS WEIGHT, B/L NO. AND THE DATE OF DELIVERY.
CHARGES   71B：   ALL BANKING CHARGES OUTSIDE CHINA ARE
                                        FOR ACCOUNT OF BENEFICIARY.
PERIOD FOR PRESENTATION   48：   DOCUMENTS MUST BE PRESENTED WITHIN 15
                                        DAYS AFTER THE DATE OF SHIPMENT BUT
                                        WITHIN THE VALIDITY OF THE CREDIT.

工作任务三　修改信用证

一、实训操作指南

1. 操作流程

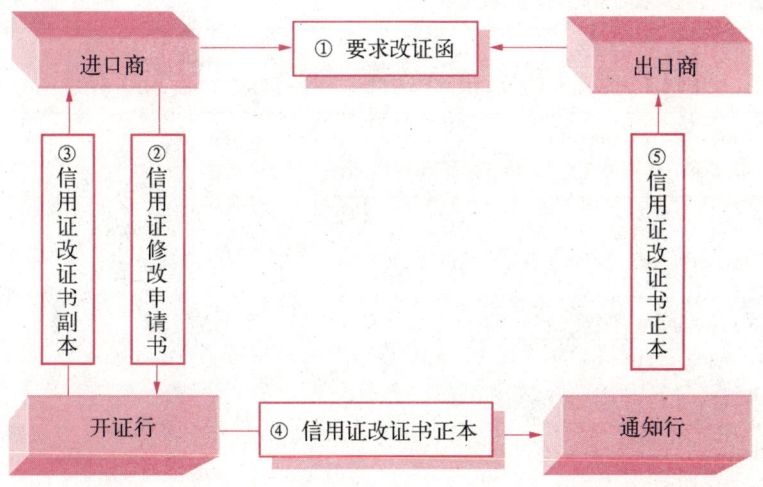

评析

- 出口商审证时发现不符点,或由于各种原因需要改证,可向进口商发出改证函要求改证。
- 申请改证要提交原信用证和信用证修改申请书等。
- 进口商向开证行提出改证申请,交纳改证费。

2. 操作要点

(1) 改证的原因

改证是对信用证中的某些内容进行修改的行为。改证主要有以下原因:一是出口商审证时发现不能接受的内容;二是出口商因交货时间、交货地点等需要发生变化时。

(2) 改证的原则

一是非改不可的必须改,可改可不改的酌情处理;二是改证的内容必须一次提出;三是改证必须得到受益人、开证人和开证行等当事人的全部同意才能进行,否则无效。

3. 操作实例

东京进出口公司收到通知行提交的信用证后,公司在备货阶段发生了困难,不能在2009 年 10 月 31 日前交货。于是,东京进出口公司的山田社长向方正进出口公司发函提出改证要求,将装运期改为 2009 年 11 月 30 日前交货,并将信用证有效期延长 1 个月。方正先生对改证函的内容予以确认,即向开证行提出改证申请,填写信用证修改申请书,交付改

证费。中国银行上海分行开出信用证改证书,并通过通知行交至东京进出口公司。

中 国 银 行
BANK OF CHINA
信用证修改申请书
APPLICATION FOR AMENDMENT

Date of Amendment: OCT. 10, 2009   No. of Amendment: SD 091001
Amendment to our Documentary Credit No. XUT 17345
To: BANK OF CHINA SHANGHAI BRANCH

Applicant FANGZHENG IMPORT & EXPORT CORPORATION	Advising Bank TOKYO BANK
Beneficiary (before this amendment) TOKYO IMPORT & EXPORT CORPORATION	Amount USD 95 000.00

The above mentioned credit is amended as follows:
☑ Shipment date extended to <u>NOV. 30, 2009</u>
☑ Expiry date extended to <u>DEC. 25, 2009</u>
☐ Amount increased/decreased by _____ to _____
☐ Other terms:

☐ Banking charges:

All other terms and conditions remain unchanged.

Authorized Signature(s)
FANGZHENG IMPORT & EXPORT CORPORATION

This Amendment is Subject to Uniform Customs and Practice for Documentary Credits(2010 Revision) International Chamber of Commerce Publication No. 600.

二、实训操作

1. 业务操作背景

上海进出口公司收到通知行提交的信用证后,公司因销售计划的变化,原目的地上海浦东机场要改为苏州机场。于是,上海进出口公司王敏小姐向 PITER IMPORT & EXPORT CORPORATION 发函提出改证要求。经 PITER 先生同意后,即向开证行提出改证申请,填写信用证修改申请书,交付改证费。中国银行上海分行开出信用证改证书,并通过通知行交至 PITER IMPORT & EXPORT CORPORATION。

2. 业务操作资料

改证申请书号:SD 100901

申请改证日期:2010 年 9 月 2 日

通知行名称：CITI BANK HAMBURG BRANCH

改证内容：目的地上海浦东机场改为苏州机场

3. 业务操作要求

请根据有关信息填写下列信用证修改申请书。

中 国 银 行
BANK OF CHINA
信用证修改申请书
APPLICATION FOR AMENDMENT

Date of Amendment：   No. of Amendment：

Amendment to our Documentary Credit No.

To：

Applicant	Advising Bank
Beneficiary (before this amendment)	Amount

The above mentioned credit is amended as follows：

☐ Shipment date extended to _____

☐ Expiry date extended to _____

☐ Amount increased/decreased by _____ to _____

☐ Other terms：

☐ Banking charges：

All other terms and conditions remain unchanged.

Authorized Signature(s)

SHANGHAI IMPORT & EXPORT TRADE CORPORATION

This Amendment is Subject to Uniform Customs and Practice for Documentary Credits (2010 Revision) International Chamber of Commerce Publication No. 600.

综合业务模拟操作

一、实训操作资料

上海玩具进出口公司收到 YMDA IMPORT & EXPORT CORPORATION 签发的形式发票后,由张成先生持主管部门有关批准进口文件等资料向中国银行上海分行申请购买外汇,要填写购汇申请书。与此同时,在合同规定的开证时间内办理开证手续,要填写开证申请书。YMDA IMPORT & EXPORT CORPORATION 收到通知行提交的信用证后,公司在备货阶段发生了困难,不能在 2010 年 10 月 31 日前交货。于是,YMDA IMPORT & EXPORT CORPORATION 的山田社长向上海玩具进出口公司发函提出改证要求,将装运期改为 2010 年 11 月 30 日前交货,并将信用证有效期延长 1 个月。张成先生报经理批准后,即向开证行提出改证申请,要填写信用证修改申请书。

填写购汇申请书、开证申请书和信用证修改申请书的资料如下:

进　口　商:上海玩具进出口公司

公司地址:13 FENXIANG ROAD SHANGHAI CHINA

通讯方式:TEL 021-56082212　FAX 021-56082211

公司账号:3214597096

出　口　商:YMDA IMPORT & EXPORT CORPORATION

公司地址:82 OTOLI MACHI OSKA, JAPAN

通讯方式:TEL 028-548-742　FAX 028-548-743

合同号码:TX 06238

发　票　号:1095327

购汇银行:中国银行上海分行

购汇金额:150 000 美元

商品名称:电子手掌玩具

数　　量:4 000 台

用　　途:控制进口商品

随附单证:许可证、合同、发票

售汇日期:2010 年 8 月 20 日

开　证　行:中国银行上海分行

开证日期:2010 年 8 月 20 日

信用证有效期:2010 年 11 月 20 日

分批装运:不允许

装　　运:不允许

开证方式:电开

装运时间：不迟于 2010 年 9 月 20 日

装 运 地：大阪机场

目 的 地：上海浦东机场

信用证金额：150 000 美元

支付方式：不可撤销跟单即期信用证

贸易术语：CPT SHANGHAI

货运保险：航空一切险

议付单据：1) 5 份已签字的发票，并注明合同号；2) 5 份装箱单；3) 2 份由厂商出具的品质证书；4) 保险单 2 份；5) 装船后 12 小时内用传真发出装运通知，包括合同号、商品名称、数量、毛重、提单号和装船日期等。

改证申请书号：TS 3419105

申请改证日期：2010 年 10 月 10 日

信用证号：UT 9891734

通知行名称：FUJI BANK OSKA BRANCH

改证内容：装运期改为 2010 年 11 月 30 日前交货，信用证有效期延长 1 个月

二、实训操作要求

1. 请你根据上述信息，以上海玩具进出口公司业务员张成的身份填写购汇申请书。

中国银行　BANK OF CHINA　　　　购买外汇申请书

中国银行_____分(支)行：

我公司为执行第_____号合同项下对外支付，需向贵行购汇。现按外汇局有关规定向贵行提出下述内容及所附文件，请审核并按实际付汇日牌价办理售汇。所需人民币资金从我公司在贵行账户中_____支付。

1. 购汇金额：

2. 用　　途：□ 进口商品　　□ 从附费用　　□ 索退赔款　　□ 其他

3. 支付方式：□ 信用证　　□ 托收　　□ 汇款(□ 货到付款 □ 预付货款)

4. 商品名称：

5. 数　量：

6. 合同号：　　　　　　　金额：

7. 发票号：　　　　　　　金额：

8. □ 一般进口商品，无须批文。

　　□ 控制进口商品，批文随附如下：

　　　　□ 进口证明　　□ 许可证　　□ 登记证明　　□ 其他批文

　　　　批文号码：　　　　　　　批文有效期：

9. 附件：　□ 批文　　□ 合同/协议　　□ 发票　　□ 正本运单

　　　　　□ 报关单　　□ 运费单/收据　　□ 保险费收据

（续上）

☐ 佣金单　　　☐ 关税证明　　　　☐ 仓单　　　　☐ 其他

10. ☐ 请于开证时立即售汇,转存保证金专用户。

申请单位(盖章):

银行审核意见:

上述内容与随附文件/凭证描述相符,拟按申请书要求办理售汇。

经办人:　　　　　　复核人:　　　　　　核准人:

售汇日期:

(加盖售汇专用章)

2. 请你根据上述信息,以上海玩具进出口公司业务员张成的身份填写开证申请书。

IRREVOCABLE DOCUMENTARY CREDIT APPLICATION

To: BANK OF CHINA　　　　　　　　　　　　　　　　Date:

Beneficiary (full name and address)		L/C No. Ex Card No. Contract No.
		Date and place of expiry of the credit
Partial shipments ☐ allowed ☐ not allowed	Transshipment ☐ allowed ☐ not allowed	☐ Issue by airmail ☐ With brief advice by teletransmission ☐ Issue by express delivery ☐ Issue by teletransmission (which shall be the operative instrument)
Loading on board/dispatch taking in change at/from not later than or transportation to		Amount (both in figures and words)
Description of goods		Credit available with ☐ by sight payment ☐ by acceptance ☐ by negotiation ☐ by deferred payment at against the documents detailed herein ☐ and beneficiary's draft for 100% of the invoice value 　at 　on
		☐ FOB　　☐ CFR　　☐ CIF
Packing:		or other terms

(continued)

Documents required：（marks with ×）

1. （　） Signed Commercial Invoice in ____ copies indicating L/C No. and Contract No.
2. （　） Full set of clean on board ocean Bills of Landing made out to order of shipper and blank endorsed, marked "freight [　] to collect/[　] prepaid [　] showing freight amount" notifying applicant.
3. （　） Air Waybills showing "freight [　] to collect/[　] prepaid [　] including freight amount" and consigned to
4. （　） Memorandum issued by　　　　consigned to
5. （　） Insurance Policy/Certificate in copes for　　% of the invoice value showing claims payable in China in currency of the draft, blank endorsed, covering （[　] Ocean Marine Transportation/ [　] Air Transportation/[　] Over Land Transportation) All Risks.
6. （　） Parking List/Weight Memo in　copies issued by the quantity/gross and the weights of each packing and packing condition as called by the L/C.
7. （　） Certificate of Quantity/Weight in　copies issued by an independent surveyor at loading port, indicating the actual surveyed quantity/weight of shipped goods as well as the packing condition.
8. （　） Certificate of Quality in　copies issued by [　] manufacturer/[　] public recognized surveyor/ [　]
9. （　） Beneficiary's certified copy of cable dispatched to the accountees within ____ hours after shipment advising [　] name of vessel/[　] flight No. /[　] wagon No. , date quantity, weight and value of shipment.
10. （　） Beneficiary's Certifying that extra copies of the documents have been dispatched according to the contract terms.
11. （　） Shipping Co's Certificate attesting that the carrying vessel is chartered or booked by accountee or their shipping agents.
12. （　） Other documents, if any.

Additional instructions：

1. （　） All banking charges outside the opening bank are for beneficiary's account.
2. （　） Documents must be presented with　days after the date of issuance of the transport documents but with the validity of this credit.
3. （　） Third party as shipper is not acceptable. Short Form/Blank Back B/L is not acceptable.
4. （　） Both quantity and amount　　% more or less are allowed.
5. （　） prepaid freight drawn in excess of L/C amount is acceptable against presentation of original charges voucher issued by shipping Co. /Air Line/or it's agent.
6. （　） All documents to be forwarded in one cover, unless otherwise started above.
7. （　） Other terms, if any.

Account No. ：　　　　　　　　　　　　with _____ (Name of bank)

Transacted by：　　　　　　　　　(Applicant：name, signature of authorized person)

Telephone No. ：　　　　　　　　　　　　　(with seal)

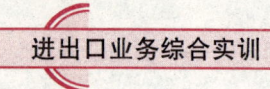
3. 请你根据上述信息，以上海玩具进出口公司业务员张成的身份填写信用证修改申请书。

中 国 银 行
BANK OF CHINA
信用证修改申请书
APPLICATION FOR AMENDMENT

Date of Amendment：　　　　　　　　　　　　　　　　No. of Amendment：

Amendment to our Documentary Credit No.

To：

Applicant	Advising Bank
Beneficiary (before this amendment)	Amount

The above mentioned credit is amended as follows：

☐ Shipment date extended to _____

☐ Expiry date extended to _____

☐ Amount increased/decreased by _____ to _____

☐ Other terms：

☐ Banking charges：

All other terms and conditions remain unchanged.

Authorized Signature（s）
SHANGHAI IMPORT & EXPORT TRADE CORPORATION

This Amendment is Subject to Uniform Customs and Practice for Documentary Credits（2010 Revision）International Chamber of Commerce Publication No. 600.

项目四

进口合同履行——订舱、投保

实训要求

- 了解订舱的程序与要求。
- 熟悉投保的程序及要求。
- 掌握货物空运委托书的缮制方法和要求。
- 掌握投保单的缮制方法和要求。
- 掌握预约保险合同的缮制方法。

业务操作背景

在 CPT 贸易术语条件下,应由进口商办理进口货物运输。通常进口商按照合同规定的装运时间委托国际货运代理公司办理进口货物订舱手续。

方正进出口公司向金发国际货运代理公司询价,填写国际货运委托书委托其办理进口订舱手续。金发国际货运代理公司接受订舱后,委托东京货运代理通知 TOKYO IMPORT & EXPORT CORPORATION 有关装机信息。发货人按规定时间将出口货物送达指定机场仓库后,由承运人签发空运单。方正进出口公司收到到货通知后,向金发国际货运代理公司支付运费及有关费用,并换取提货单。

工作任务一　办理订舱手续

一、实训操作指南

1. 操作流程

评析

- 货代公司在货物空运委托书上注明费用并盖上业务章,该托运书正式生效。
- 托运人应及时通知发货人做好货物出运准备工作。

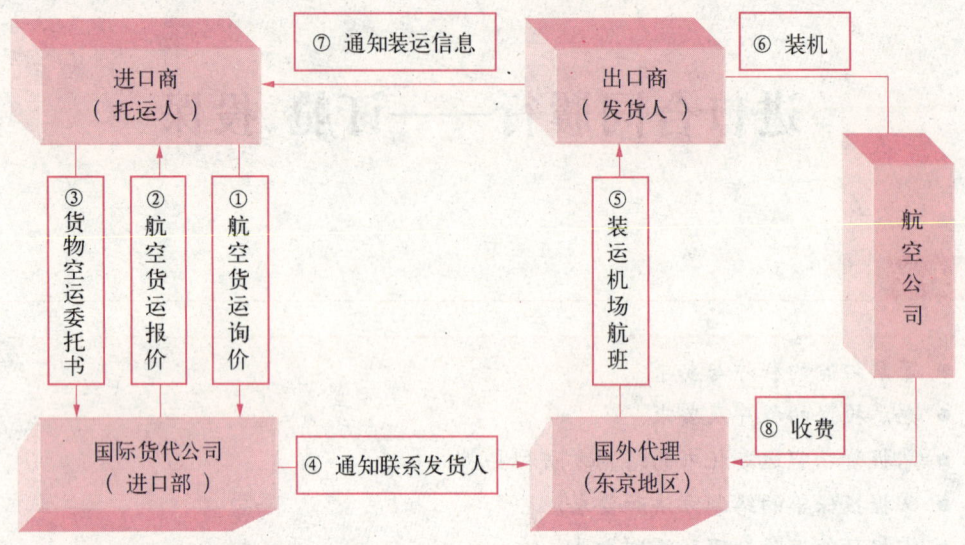

2. 操作要点

货物空运委托书的缮制要点如下：

(1) 通知人(NOTIFY PARTY)

本栏通常填写进口商的全称与地址，与收货人一栏一致。

(2) 交货方式

本栏根据实际要求画"√"选择 Airport to Airport、Airport to Door、Door to Airport 或 Door to Door。

(3) 运费与费用(FREIGHT & CHARGES)

本栏由国际货运代理公司填写。

(4) 预计航班时间

本栏填写出运该票货物出运的时间。

(5) 标记与号码

本栏根据合同的相关内容，填写唛头并与其他单据的唛头相同。

(6) 包装种类与货名

本栏根据合同的相关内容，填写货物名称和包装方式。

(7) 费用明细

本栏由国际货运代理公司填写。

(8) 报关方式

本栏根据托运人的需求，画"√"选择"自报"或"代报"。

(9) 送货日期

本栏填写实际送货日期，必须比出运日期早一天。

（10）单据要求

本栏根据需求填写。

3. 操作实例

方正进出口公司委托金发国际货运代理公司办理进口订舱手续。于是，方正先生填写国际货运委托书，并随附有关材料。

SHIPPER (FULL NAME & ADDRESS) TOKYO IMPORT & EXPORT CORPORATION 82 - 324，OTOLI MACHI TOKYO，JAPAN TEL：028 - 548742 FAX：028 - 548743	BOOKING NO. (托运编号) 货物空运委托书 SHIPPER'S LETTERS OF INSTRUCTIONS HONGXIANG LOGISTICS CO.，LTD. TEL：021 - 66761009 FAX：021 - 66761008 RM 23，HUASHAN ROAD SHANGHAI，CHINA			
CONSIGNEE (FULL NAME & ADDRESS) FANGZXHENG IMPORT & EXPORT CORPORATION 1321 ZHONGSHAN ROAD SHANGHAI, CHINA				
NOTIFY PARTY FANGZXHENG IMPORT & EXPORT CORPORATION 1321 ZHONGSHAN ROAD SHANGHAI, CHINA TEL：021 - 56082266 FAX：021 - 56082265	Airport to Airport √ Airport to Door Door to Airport Door to Door			
	Freight & Charges (运费与附加费)			
PORT OF LOADING 启运地 Tokyo Airport	DESTINATION 目的机场 Shanghai Pudong Airport	CARRIER 航空公司 东方航空	FREIGHT DATE 预计航班时间 2009 年 11 月 14 日	
MARKS & NO. 标记与号码	KIND OF PACK. & DESCRIPTION OF GOODS 包装种类与货名		G. W. (KGS) 毛重(千克)	MEASUREMENT 尺码
TITC TX 200523 SHANGHAI C/NO. 1 - 120	扳手(WRENCH) 120 箱		1 200 KGS	30 CBM
Freight Charges Details (费用明细)				
Item(项目)	Amount(金额)	Prepaid(预付)√		Collect(到付)

（续上）

Customs Declaration Service Request(报关方式)		自报 √	代　报
Loading Date(送货日期)	2009 年 11 月 10 日		
Document Request（单据要求）			
MAWB		MAWB NO.	
MAWB		MAWB NO.	
Other Especial Request(其他特殊事项)			
托运人(公司)签名： 方正 2009 年 11 月 5 日			

二、实训操作

1. 业务操作背景

上海进出口公司委托金发国际货运代理公司办理进口订舱手续。于是，王敏小姐填写国际货运委托书，并随附有关材料。

2. 业务操作资料

托 运 人：PITER IMPORT & EXPORT CORPORATION

NO. 324 TOLI MACH HAMBURG, GERMANY

TEL：0049 - 5484215　FAX：0049 - 5484216

收 货 人：SHANGHAI IMPORT & EXPORT CORPORATION

21 ZHONGSHAN ROAD SHANGHAI, CHINA

TEL：021 - 56082266　FAX：021 - 56082265

启 运 地：HAMBURG AIRPORT

目 的 地：SUZHOU AIRPORT

航班时间：2010 年 9 月 20 日

商品名称：彩色喷墨打印机

包装数量：400 箱

毛重体积：8 000 千克、120 CBM

报关方式：自报

送货日期：2010 年 9 月 18 日

3. 业务操作要求

请根据有关信息填写下列货物空运委托书。

SHIPPER (FULL NAME & ADDRESS)	BOOKING NO. (托运编号)	
	货物空运委托书 **SHIPPER'S LETTERS OF INSTRUCTIONS** **HONGXIANG LOGISTICS CO., LTD.** **TEL：021 – 66761009　FAX：021 – 66761008** **RM 23，HUASHAN ROAD SHANGHAI，CHINA**	
CONSIGNEE (FULL NAME & ADDRESS)		
NOTIFY PARTY	Airport to Airport　　Airport to Door Door to Airport　　　Door to Door	
	Freight & Charges(运费与附加费)	

PORT OF LOADING 启运地	DESTINATION 目的机场	CARRIER 航空公司	FREIGHT DATE 预计航班时间

MARKS & NO. 标记与号码	KIND OF PACK. & DESCRIPTION OF GOODS 包装种类与货名	G. W. （KGS） 毛重(千克)	MEASUREMENT 尺码

Freight Charges Details(费用明细)

Item(项目)	Amount(金额)	Prepaid(预付)	Collect(到付)√

Customs Declaration Service Request(报关方式)	自报 √	代　报
Loading Date(送货日期)		

Document Request（单据要求）

MAWB	MAWB NO.
MAWB	MAWB NO.

Other Especial Request(其他特殊事项)

托运人(公司)签名：

工作任务二 办理投保手续

一、实训操作指南

1. 操作流程

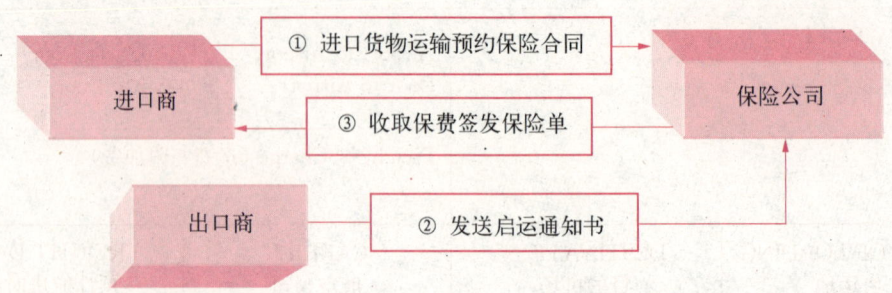

评析

- 货物运输保险可采取预约保险形式,也可按逐笔业务直接办理投保手续。
- 签订预约保险合同后,当货物启运时还需办理投保手续。

2. 操作要点

凡由买方办理进口货物运输保险,不论运输方式都可签订预约保险合同。当承保货物启运时,即自动承保。但是,当承保货物启运时,必须向保险公司寄送启运通知书一式五份,办理投保手续。保险公司收取保险费后,签发保险单。

3. 操作实例

方正进出口公司在订舱确认后,与中保财公司上海分公司签订进口货物运输预约保险合同。当货物装机时,日本东京进出口公司向中保财公司上海分公司和方正进出口公司发出启运通知。然后,方正进出口公司向保险公司办理进口货物运输投保手续,支付约定的保险费,获取保险单。

中保财产保险公司上海公司
进口货物运输预约保险合同

合同号:091123

甲方:方正进出口公司
乙方:中保财产保险公司上海分公司
　双方就进口货物的运输预约保险拟订以下条款,以资共同遵守:

（续上）

一、保险范围

　　甲方从国外进口的全部货物,不论运输方式,凡贸易条款规定由买方办理保险的,都属于本合同范围之内。甲方应根据本合同规定,向乙方办理投保手续并支付保险费。

　　乙方对上述保险范围内的货物,负有自动承保的责任,在发生本合同规定范围内的损失时,均按本合同的规定,负责赔偿。

二、保险金额

　　保险金额以货物的到岸价(CIF)即货价加运费加保险费为准(运费可用实际运费,亦可由双方协定一个平均运费率计算)。

三、保险险别和费率

　　各种货物需要投保的险别由甲方选定并在投保单中填明。乙方根据不同的险别规定不同的费率。现暂定如下。

货 物 种 类	运 输 方 式	保 险 险 别	保 险 费 率
扳　　手	航空运输	航空运输一切险	按 约 定

四、保险责任

　　各种险别的责任范围,按照所属乙方制定的"海洋货物运输保险条款"、"海洋运输货物战争险条款"、"海运进口货物国内转动期间保险责任扩展条款"、"航空运输一切险条款"和其他有关条款的规定为准。

五、投保手续

　　甲方一经掌握货物发运情况,即应向乙方寄送启运通知书,办理投保手续。通知书一式五份,由保险公司签认后,退回一份。如不办理投保,货物发生损失,乙方不予赔偿。

六、保险费

　　乙方按甲方寄送的启运通知书照前列相应的费率逐笔计收保费,甲方应及时付费。

七、索赔手续和期限

　　本合同所保货物发生保险责任范围内的损失时,乙方应按制定的"关于海运进口保险货物残损检验的赔款给付办法"和"进口货物施救整理费用支付办法"迅速处理。甲方应尽力采取防止货物扩大受损的措施,对已遭受损失的货物必须积极抢救,尽量减少货物的损失。向乙方办理索赔的有效期限,以保险货物卸离海港之日起满1年终止。如有特殊需要,可向乙方提出延长索赔期。

八、合同期限

本合同自 2009 年 11 月 15 日起开始生效。

甲方:方正
日期:2009 年 11 月 15 日

乙方:向怡
日期:2009 年 11 月 15 日

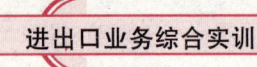

中保财产保险有限公司上海市分公司
The People's Insurance (Property) Company of China, Ltd. Shanghai Branch
进出口货物运输保险投保单
Application From form I/E Marine Cargo Insurance

被保险人 Assured's Name	FANGZHENG IMPORT & EXPORT CORPORATION			
发票号码(出口用)或合同号码(进口用) Invoice No. or Contract No.	包装数量 Quantity	保险货物项目 Description of Goods	保险金额 Amount Insured	
AS PER INVOICE NO. TX 200523	120 CARTONS	WRENCH	USD 104 500.00	

装载运输工具 FUN-861　航次、航班或车号 CN342　开航日期 NOV 14, 2009
Per Conveyance　　　Voy. No.　　　　　　　　　Slg. Date
自TOKYO 至SHANGHAI 转运地　　　　　　　赔款地SHANGHAI
From　To　　　W/Tat　　　　　　Claim Payable at

承保险别：FOR 110% OF THE INVOICE VALUE COVERING AIR TRANSPORTATION ALL RISKS
Condition & /or
Special Coverage

投保人签章及公司名称、电话、地址：
Applicant's Signature and Co.'s Name, Address And Tel. No.
FANGZHENG IMPORT & EXPORT CORPORATION
　　　1321 ZHONGSHAN ROAD SHANGHAI CHINA
TEL：021-56082266　FAX：021-56082266

备注：　　　投保日期：2009 年 11 月 14 日
Remarks　　Date

保险公司填写：　　报单号：　　　费率：

二、实训操作

1. 业务操作背景

上海进出口公司在订舱确认后，与中保财公司上海分公司签订进口货物运输预约保险合同。当货物装机时，PITER IMPORT & EXPORT CORPORATION 向中保财公司上海分公司和上海进出口公司发出启运通知。然后，上海进出口公司向保险公司办理进口货物运输投保手续，支付约定的保险费，获取保险单。

2. 业务操作资料

保险合同号：BX 10915

保险合同日期：2010 年 9 月 15 日

运输方式：航空运输

保险险别：航空运输一切险

保险费率：按约定

中保财产保险有限公司上海市分公司

The People's Insurance (Property) Company of China，Ltd. Shanghai Branch

进出口货物运输保险投保单

Application From form I/E Marine Cargo Insurance

被保险人 Assured's Name			
发票号码(出口用)或合同号码(进口用) Invoice No. or Contract No.	包装数量 Quantity	保险货物项目 Description of Goods	保险金额 Amount Insured

装载运输工具＿＿＿＿ 航次、航班或车号＿＿＿＿ 开航日期＿＿＿＿＿＿＿
Per Conveyance　　Voy. No.　　　　　Slg. Date
自＿＿＿至＿＿＿ 转运地＿＿＿＿＿＿＿ 赔款地＿＿＿＿＿＿＿
From　　To　　　W/Tat　　　　　　Claim Payable at

承保险别：
Condition & /or
Special Coverage

投保人签章及公司名称、电话、地址：
Applicant's Signature and Co. 's Name, Address And Tel. No.

备注：
Remarks

投保日期：
Date

保险公司填写：　　报单号：　　　费率：

199

中保财产保险公司上海公司
进口货物运输预约保险合同

合同号：

甲方：＿＿＿＿＿＿＿＿＿＿＿＿＿＿＿

乙方：中保财产保险公司上海分公司

双方就进口货物的运输预约保险拟订以下条款，以资共同遵守：

一、保险范围

甲方从国外进口的全部货物，不论运输方式，凡贸易条款规定由买方办理保险的，都属于本合同范围之内。甲方应根据本合同规定，向乙方办理投保手续并支付保险费。

乙方对上述保险范围内的货物，负有自动承保的责任，在发生本合同规定范围内的损失时，均按本合同的规定，负责赔偿。

二、保险金额

保险金额以货物的到岸价（CIF）即货价加运费加保险费为准（运费可用实际运费，亦可由双方协定一个平均运费率计算）。

三、保险险别和费率

各种货物需要投保的险别由甲方选定并在投保单中填明。乙方根据不同的险别规定不同的费率。现暂定如下。

货 物 种 类	运 输 方 式	保 险 险 别	保 险 费 率

四、保险责任

各种险别的责任范围，按照所属乙方制定的"海洋货物运输保险条款"、"海洋运输货物战争险条款"、"海运进口货物国内转动期间保险责任扩展条款"、"航空运输一切险条款"和其他有关条款的规定为准。

五、投保手续

甲方一经掌握货物发运情况，即应向乙方寄送启运通知书，办理投保手续。通知书一式五份，由保险公司签认后，退回一份。如不办理投保，货物发生损失，乙方不予赔偿。

六、保险费

乙方按甲方寄送的启运通知书照前列相应的费率逐笔计收保费，甲方应及时付费。

七、索赔手续和期限

本合同所保货物发生保险责任范围内的损失时，乙方应按制定的"关于海运进口保险货物残损检验的赔款给付办法"和"进口货物施救整理费用支付办法"迅速处理。甲方应尽力采取防止货物扩大受损的措施，对已遭受损失的货物必须积极抢救，尽量减少货物的损失。向乙方办理索赔的有效期限，以保险货物卸离海港之日起满1年终止。如有特殊需要，可向乙方提出延长索赔期。

八、合同期限

本合同自＿＿＿年＿＿＿月＿＿＿日起开始生效。

甲方：　　　　　　　　　　乙方：

日期：　　　　　　　　　　日期：

综合业务模拟操作

一、实训操作资料

上海玩具进出口公司委托金发国际货运代理公司办理进口订舱手续。于是，张成先生要填写国际货运委托书，并随附有关材料。

上海玩具进出口公司在订舱确认后，为了确保进口货物的安全，与中保财公司上海分公司签订进口货物运输预约保险合同。为此，张成先生要填写进口货物运输预约保险合同。当货物装机时，YMDA IMPORT & EXPORT CORPORATION 向中保财公司上海分公司和上海玩具进出口公司发出启运通知，由张成先生向保险公司办理进口货物运输投保手续，支付约定的保险费，获取保险单。

货物空运委托书、进口货物运输预约保险合同的缮制资料如下：

托 运 人：YMDA IMPORT & EXPORT CORPORATION
  82 OTOLI MACHI OSKA，JAPAN
  TEL 028－548－742 FAX 028－548－743
通 知 人：SHANGHAI TOY IMPORT & EXPORT CORPORATION
  13 FENXIANG ROAD SHANGHAI，CHINA
  TEL：021－56082212 FAX：021－56082211
货名规格：电子手掌玩具（ELECTRON PALM BAUBLE）
数　　量：R222S 1 000 套、R333H 1 000 套、R666W 1 000 套、R888A 1 000 套
包　　装：每 20 台装一个出口纸箱
毛　　重：每箱 20 KGS
净　　重：每箱 28 KGS
体　　积：每箱 0.2 CBM
装 运 期：2010 年 10 月 30 日
送货日期：2010 年 10 月 20 日
报关方式：自报
保险合同号：HY 098765
保险合同日期：2010 年 10 月 15 日
运输方式：航空运输
保险险别：航空运输一切险
保险费率：按约定

二、实训操作要求

1. 请你以上海玩具进出口公司业务员张成的身份，根据上述资料填写货物空运委托书。

SHIPPER (FULL NAME & ADDRESS)	BOOKING NO. (托运编号)		
	货物空运委托书 **SHIPPER'S LETTERS OF INSTRUCTIONS**		
CONSIGNEE (FULL NAME & ADDRESS)	**HONGXIANG LOGISTICS CO., LTD.** **TEL: 021 - 66761009 FAX: 021 - 66761008** **RM 23, HUASHAN ROAD SHANGHAI, CHINA**		
NOTIFY PARTY	Airport to Airport Airport to Door Door to Airport Door to Door		
	Freight & Charges (运费与附加费)		
PORT OF LOADING 启运地	DESTINATION 目的机场	CARRIER 航空公司	FREIGHT DATE 预计航班时间
MARKS & NO. 标记与号码	KIND OF PACK & DESCRIPTION OF GOODS 包装种类与货名	G. W. (KGS) 毛重(千克)	MEASUREMENT 尺码

Freight Charges Details (费用明细)

Item (项目)	Amount (金额)	Prepaid (预付)	Collect (到付) √

Customs Declaration Service Request (报关方式)	自报 √	代　报
Loading Date (送货日期)		

Document Request (单据要求)

MAWB	MAWB NO.
MAWB	MAWB NO.

Other Especial Request (其他特殊事项)

托运人(公司)签名:

2. 请你以上海玩具进出口公司业务员张成的身份,根据上述资料填写进口货物运输预约保险合同。

中保财产保险公司上海公司
进口货物运输预约保险合同

合同号：_____

甲方：_____

乙方：中保财产保险公司上海分公司

　　双方就进口货物的运输预约保险拟订以下条款,以资共同遵守：

一、保险范围

　　甲方从国外进口的全部货物,不论运输方式,凡贸易条款规定由买方办理保险的,都属于本合同范围之内。甲方应根据本合同规定,向乙方办理投保手续并支付保险费。

　　乙方对上述保险范围内的货物,负有自动承保的责任,在发生本合同规定范围内的损失时,均按本合同的规定,负责赔偿。

二、保险金额

　　保险金额以货物的到岸价(CIF)即货价加运费加保险费为准(运费可用实际运费,亦可由双方协定一个平均运费率计算)。

三、保险险别和费率

　　各种货物需要投保的险别由甲方选定并在投保单中填明。乙方根据不同的险别规定不同的费率。现暂定如下。

货 物 种 类	运 输 方 式	保 险 险 别	保 险 费 率

四、保险责任

　　各种险别的责任范围,按照所属乙方制定的"海洋货物运输保险条款"、"海洋运输货物战争险条款"、"海运进口货物国内转动期间保险责任扩展条款"、"航空运输一切险条款"和其他有关条款的规定为准。

五、投保手续

　　甲方一经掌握货物发运情况,即应向乙方寄送启运通知书,办理投保手续。通知书一式五份,由保险公司签认后,退回一份。如不办理投保,货物发生损失,乙方不予赔偿。

六、保险费

　　乙方按甲方寄送的启运通知书照前列相应的费率逐笔计收保费,甲方应及时付费。

七、索赔手续和期限

　　本合同所保货物发生保险责任范围内的损失时,乙方应按制定的"关于海运进口保险货物残损检验的赔款给付办法"和"进口货物施救整理费用支付办法"迅速处理。甲方应尽力采取防止货物扩大受损的措施,对已遭受损失的货物必须积极抢救,尽量减少货物的损失。向乙方办理索赔的有效期限,以保险货物卸离海港之日起满1年终止。如有特殊需要,可向乙方提出延长索赔期。

八、合同期限

　　本合同自___年___月___日起开始生效。

甲方：　　　　　　　　　　乙方：

日期：　　　　　　　　　　日期：

中保财产保险有限公司上海市分公司
The People's Insurance (Property) Company of China, Ltd. Shanghai Branch
进出口货物运输保险投保单
Application From form I/E Marine Cargo Insurance

被保险人 Assured's Name			
发票号码(出口用)或合同号码(进口用) Invoice No. or Contract No.	包装数量 Quantity	保险货物项目 Description of Goods	保险金额 Amount Insured

装载运输工具_____ 航次、航班或车号_____ 开航日期_____
Per Conveyance   Voy. No.   Slg. Date
自_____ 至_____ 转运地_____ 赔款地_____
From   To   W/Tat   Claim Payable at
承保险别：
Condition & /or
Special Coverage

投保人签章及公司名称、电话、地址：
Applicant's Signature and Co. 's Name, Address And Tel. No.

备注：
Remarks

投保日期：
Date

保险公司填写：   报单号：   费率：

项目五

进口合同履行
——付款赎单、入境货物报检

实训要求

- 了解付款赎单的程序及内容。
- 熟悉审核议付单据的方法与要求。
- 掌握入境货物报检的程序。
- 掌握入境货物报检的缮制方法。

业务操作背景

　　方正进出口公司收到中国银行上海分行"进口信用证付款/承兑通知书",对东京进出口公司的全套议付单据进行审单,当核准无误后,办理承兑并付款赎单。入境货物到达目的地机场后,上海浦东国际机场货运站向方正进出口公司发出到货通知。方正进出口公司根据我国检验检疫等有关法律、法规的规定,缮制报检单,并随附购货合同、国外发票、装箱单等有关单证向入境口岸的出入境检验检疫局办理报检手续。

工作任务一　办理付款赎单

一、实训操作指南

1. 操作流程

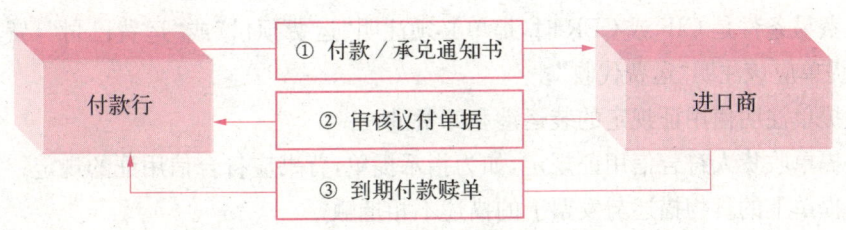

评析

- 即期付款时,审单核准后办理付款手续。
- 远期付款时,经审单核准后办理承兑,付款时进行付款赎单。

2. 操作要点

(1) 发票审核要点

一是确保发票由信用证的受益人出具,在信用证支付方式下,发票的签发人必须是信用证的受益人;

二是除非信用证另有规定,信用证的申请人应为发票的抬头人;

三是货物的描述必须与信用证商品描述相符;

四是信用证提及的发票显示的事项如唛头、数量/重量、价格、装运、包装、运费及其他相关的信息须与信用证一致,并与其他单据一致;

五是发票的货币、金额必须与信用证的一致,发票的金额不得超过信用证的金额,如数量、金额有"大约"或类似字样的,可以允许增减10%;

六是如不允许分批装运,发票必须包括信用证要求装运的全部货物;

七是提交的正本和副本份数正确。

(2) 保险单的审核要点

一是保险单据的名称应与信用证规定相符,除非信用证特别规定,保险凭证和暂保单不得代替保险单,但保险单可以代替保险声明书;

二是保险单的被保险人名称应与信用证规定相符,如未规定,通常以出口商名义投保,然后再做成空白背书;

三是保险单据由保险公司、保险商或代理人签发,且签发日期或保险责任的生效日期最迟应在已装船或已发运或接受监管之日;

四是保险金额或货币必须符合信用证的规定;

五是对保险货物的描述必须与发票上的货物描述相符;

六是明确表示按信用证规定的险别投保;

七是提交签发的正本保险单据。

(3) 海运提单的审核要点

一是应提交全套或信用证规定份数的正本提单;

二是必须是已装船的清洁提单,可以是预先印就"已装船"的提单并加注日期;

三是贸易条件是 CIF 或 CFR 时,提单必须注明"运费预付"或"运费已付",贸易条件是 FOB 时,提单应该注明"运费代收";

四是提单注明信用证规定的装运港和卸货港;

五是提单收货人符合信用证规定,如为指示提单,背书应符合信用证的规定;

六是提单上的货物描述与发票上的描述不相抵触;

七是提单正面注明承运人的名称,应由船公司签字;

八是提单在要求的期限内交付;

九是被通知人的名称与地址与信用证的规定一致。

（4）汇票审核要点

汇票金额不得超过信用证允许的金额,且大、小写和货币名称必须一致;

一是付款期限应符合信用证的规定;

二是汇票的付款人应为开证行和信用证指定的付款行,不应以申请人为汇票的受票人;

三是出票人印章或签字和名称与受益人的名称一致;

四是包括信用证所要求的必要条款,如信用证号、开证行名称、对价条款;

五是如果受款人为出票人指示性抬头,是否已由出票人背书;

六是出票人、受款人、付款人都必须符合信用证的规定;

七是汇票的出票日期应在信用证规定的有效期内。

3. 操作实例

方正进出口公司收到中国银行上海分行"进口信用证付款/承兑通知书",对东京进出口公司的全套议付单据进行审单,当核准无误后,办理承兑手续。汇票付款时间一到,方正先生向中国银行上海分行办理付款赎单。

（1）方正先生审核国外发票、装箱单、汇票

TOKYO IMPORT & EXPORT CORPORATION

82 - 324 OTOLI MACHITOKYO, JAPAN

TEL：028 - 548742　FAX：028 - 548743

COMMERCIAL INVOICE

FANGZHENG IMPORT & EXPORT CORPORATION

1321 ZHONGSHAN ROAD SHANGHAI, CHINA

TEL：021 - 56082266　FAX：021 - 56082265

INVOICE NO.：IN057911
DATE：OCT. 10, 2010
PAYMENT TERMS： 30 DAYS AFTER SIGHT L/C

L/C NO.：XT173

P/C NO.：TX200523

MARKS：FANGZHENG
SHANGHAI
TX200523
C/NO. 1 - 120

SHIPPED FROM	SHIPPED TO	AIR/VOYAGE NO.		
TOKYO	SHANGHAI	FUN - 861		
DESCRIPTION	**QUANTITY**	**PRICE PER SET**	**TOTAL AMOUNT**	
WRENCH		CPT SHANGHAI		
HEX DEYS WRENCH	1 000 SET	USD 10.00	USD 10 000.00	
DOUBLE RING OFFSET WRENCH	1 500 SET	USD 10.00	USD 15 000.00	
CONBINATION WRENCH	2 000 SET	USD 20.00	USD 40 000.00	
ADJESTABLE WRENCH	1 500 SET	USD 20.00	USD 30 000.00	
PACKED IN 1 CARTON OF 50 PCS EACH			USD 95 000.00	

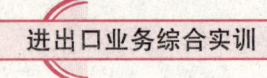
(continued)

SAY U. S. DULLARS NINETY FIVE THOUSAND ONLY

山田

TOKYO IMPORT & EXPORT CORPORATION

TOKYO IMPORT & EXPORT CORPORATION
82 - 324 OTOLI MACHITOKYO, JAPAN
TEL: 028 - 548742   FAX: 028 - 548743

PACKING LIST

FANGZHENG IMPORT & EXPORT CORPORATION
1321 ZHONGSHAN ROAD SHANGHAI, CHINA
TEL: 021 - 56082266   FAX: 021 - 56082265

INVOICE NO.: IN 057911	
DATE: OCT. 10, 2010	
PAYMENT TERMS: 30 DAYS AFTER SIGHT L/C	

L/C NO.: XT 173
P/C NO.: TX 200523

MARKS: FANGZHENG
SHANGHAI
TX 200523
C/NO. 1 - 120

SHIPPED FROM	SHIPPED TO	AIR/VOYAGE NO.		
TOKYO	SHANGHAI	FUN - 861		
PACKAGES	**DESCRIPTION**	**QUANTITY**	**GROSSWEIGHT**	**NETWEIGHT**
120 CARTONS	WRENCH			
	HEX DEYS WRENCH	1 000 PCS	500 KGS	460 KGS
	DOUBLE RING OFFSET WRENCH	1 500 PCS	750 KGS	690 KGS
	CONBINATION WRENCH	2 000 PCS	1 000 KGS	920 KGS
	ADJESTABLE WRENCH	1 500 PCS	750 KGS	690 KGS
	PACKED IN 1 CARTON OF 50 PCS EACH	6 000 PCS	3 000 KGS	2 760 KGS

山田

TOKYO IMPORT & EXPORT CORPORATION

No. <u>IN057911</u>

For USD 95 000. 00   **BILL OF EXCHANGE**   TOKYO, OCT. 22, 2009
                                                                                          Date

At <u>30 DAYS AFTER</u> *sight of this SECOND BILL of EXCHANGE (first of the same tenor and date
unpaid) pay to the order of* <u>FUJI BANK TOKYO BRANCH</u> *the sum of*
SAY U. S. DULLARS NINETY FIVE THOUSAND ONLY.
Drawn under <u>BANK OF CHINA SHANGHAI BRANCH</u>
L/C No. _____XT173_____ *Dated* _____AUG. 27, 2009_____
To. BANK OF CHINA SHANGHAI BRANCH
    100 ZHONGSHANG NO. 1 ROAD SHANGHAI, CHINA

TOKYO IMPORT &
EXPORT CORPORATION

TOKYO IMPORT & EXPORT CORPORATION
山田

（2）审核结果无不符点，给予承兑

<table>
<tr><td colspan="2" rowspan="3">中 国 银 行
BANK OF CHINA
进口信用证付款/承兑通知书</td></tr>
</table>

申请人 方正进出口公司	信用证号：XT 173
	汇票金额：USD 95 000.00
	汇票期限：30 DAYS AFTER SIGHT
	汇票到期日：2009 年 11 月 26 日

寄单行：FUJI BANK TOKYO BRANCH

受益人：TOKYO IMPORT & EXPORT CORPORATION

单据	汇票	发票	海运提单	空运提单	货物收据	保险单	装箱单	重量单	装运通知		
	1	3		2		2	3		1		

货物：COLOR INKJET PRINTER

不符点：无

上述单据已到，现将影印单据提交贵公司：

　　请审核并备妥票款于 2009 年 11 月 26 日前来我行，如不在上述期限来我行承兑，即作为你公司同意授权我行在公司存款账户内支出票款对寄单行承兑。

　　对于上述不符点，你公司如不同意接受，请于 2010 年 11 月 1 日书面通知我行，如不在上述期限来我行办理拒付，又不将单据退回我行，即作为你公司接受不符点并授权我行在你公司存款账户内支出票款对寄单行承兑。

同意承兑　　　　　　　　　　　　　　　　　　　中国银行
方正　　　　　　　　　　　　　　　　　　　　　2009 年 11 月 20 日
2009 年 11 月 26 日口公司

No. IN057911

For USD 95 000.00 　　　　　BILL OF EXCHANGE　　　　TOKYO, OCT. 22, 2009
　　　　　　　　　　　　　　　　　　　　　　　　　　　　　　Date

At 30 DAYS AFTER sight of this SECOND BILL of EXCHANGE (first of the same tenor and date unpaid) pay to the order of FUJI BANK TOKYO BRANCH the sum of
SAY U. S. DULLARS NINETY FIVE THOUSAND ONLY.

Drawn under BANK OF CHINA SHANGHAI BRANCH

承兑
2009 - 11 - 2

L/C No. 　　　　XT173　　　　　　Dated　　　　AUG. 27, 2009
To. BANK OF CHINA SHANGHAI BRANCH
　　100 ZHONGSHANG NO. 1 ROAD SHANGHAI, CHINA

TOKYO IMPORT &
EXPORT CORPORATION

TOKYO IMPORT & EXPORT CORPORATION
山田

209

二、实训操作

1. 业务操作背景

中国银行上海分行收到议付行寄送的彩色喷墨打印机进口业务的全套议付单据后，交由上海进出口贸易公司。王敏小姐根据合同与信用证的内容对全套进行审单，核准无误后进行承兑，并交还给中国银行上海分行，到付款时间进行付款赎单。

2. 业务操作资料

（1）国外发票

PITER IMPORT & EXPORT CORPORATION
NO. 324 TOLI MACH HAMBURG, GERMANY
TEL：0049 - 5484215   FAX：0049 - 5484216

COMMERCIAL INVOICE

SHANGHAI IMPORT & EXPORT CORPORATION 21 ZHONGSHAN ROAD SHANGHAI, CHINA TEL：021 - 56082266   FAX：021 - 56082265

INVOICE NO.：TIEX 060930
DATE：SEPT. 10, 2010
PAYMENT TERMS： 60 DAYS AFTER SIGHT L/C

L/C NO.：XUT 17345

P/C NO.：SH 100501

MARKS：PITER
SH 100501
SHANGHAI
C/NO. 1 - 400

SHIPPED FROM	SHIPPED TO	VESSEL/VOYAGE NO.
HAMBURG	SHANGHAI	CUN 861

DESCRIPTION	QUANTITY	PRICE PER SET	TOTAL AMOUNT
COLOR INKJET PRINTER		CPT SUZHOU	
RO123	1 000 PCS	USD 110. 00	USD 110 000. 00
RO122	1 000 PCS	USD 125. 00	USD 125 000. 00
RO145	1 000 PCS	USD 120. 00	USD 120 000. 00
RO168	1 000 PCS	USD 115. 00	USD 115 000. 00
PACKED IN ONE CARTON OF 10 PCS EACH			USD 470 000. 00

SAY U. S. DOLLARS FOUR HUNDRED AND SEVENTY HUNDRED THOUSAND ONLY

PITER

PITER IMPORT & EXPORT CORPORATION

（2）国外装箱单

PITER IMPORT & EXPORT CORPORATION
NO. 324 TOLI MACH HAMBURG GERMANY
TEL：0049－5484215　FAX：0049－5484216

PACKING LIST

SHANGHAI IMPORT & EXPORT TRADECORPORATION.
21 ZHONGSHAN ROAD SHANGHAI CHINA
TEL：021－56082266　FAX：021－56082265

INVOICE NO.：TIEX 060930	
DATE：SEP. 10，2010	
PAYMENT TERMS： 60 DAYS AFTER SIGHT L/C	

L/C NO.：XUT 17345

P/C NO.：SH 100501

MARKS：PITER
　　　　SH 100501
　　　　SHANGHAI
　　　　C/NO. 1－400

SHIPPED FROM	SHIPPED TO	VESSEL/VOYAGE NO.		
HAMBURG	SUZHOU	CUN 861		
PACKAGES	**DESCRIPTION**	**QUANTITY**	**GROSSWEIGHT**	**NETWEIGHT**
400 CARTONS	COLOR INKJET PRINTER			
	RO123	1 000 PCS	200 KGS	180 KGS
	RO122	1 000 PCS	200 KGS	180 KGS
	RO145	1 000 PCS	200 KGS	180 KGS
	RO168	1 000 PCS	200 KGS	180 KGS
	PACKED IN ONE CARTON OF 10 PCS EACH	4 000 PCS	800 KGS	720 KGS

PITER

PITER IMPORT & EXPORT CORPORATION

（3）国外非木质包装证明

Declaration of no-wooden Packing material

To the Service of China Entry & Exit Inspection and Quarantine：
　　　　　　　　　It is declared that this shipment
　　COLOR INKJET PRINTER　　　（Commodity）
　　400 CARTONS/800 KGS　　　（Quantity/Weight）
does not contain wood packing materials.

　　　　　　　　　Name of Export Company：
　　　　　　　　　（Stamp or Signature of Director）

PITER IMPORT & EXPORT CORPORATION
Manager
PITER SEP. 10，2010

（4）国外汇票

No. TIEX 060930

For USD 470 000.00   **BILL OF EXCHANGE**   HAMBURG，SEP. 21，2010

                                                                    Date

At 60 DAYS AFTER *sight of this SECOND BILL of EXCHANGE（first of the same tenor and date unpaid）pay to the order of* CITI BANK HAMBURG BRANCH *the sum of*
SAY U. S. DOLLARS FOUR HUNDRED AND SEVENTY THOUSAND ONLY.

Drawn under BANK OF CHINA SHANGHAI BRANCH

L/C No. XUT 17345   *Dated*   AUG. 22，2010

To. BANK OF CHINA SHANGHAI BRANCH
     100 ZHONGSHANG NO. 1 ROAD SHANGHAI, CHINA

                           PITER IMPORT &. EXPORT CORPORATION

> PITERIMPORT&
> EXPORTCORPORATION

                                   PITER

3．业务操作要求

请根据合同和信用证的规定对上述单据进行审核，将结果填入下列通知书。如无不符点，请予以承兑。

<table>
<tr><td colspan="11" align="center">中 国 银 行
BANK OF CHINA
进口信用证付款/承兑通知书</td></tr>
<tr><td colspan="2">申请人
上海进出口公司</td><td colspan="9">信用证号：XUT 17345</td></tr>
<tr><td colspan="2" rowspan="3"></td><td colspan="9">汇票金额：USD 470 000.00</td></tr>
<tr><td colspan="9">汇票期限：60 DAYS AFTER SIGHT</td></tr>
<tr><td colspan="9">汇票到期日：2010 年 12 月 6 日</td></tr>
<tr><td colspan="11">寄单行：CITI BANK HAMBURG BRANCH</td></tr>
<tr><td colspan="11">受益人：PITER IMPORT &. EXPORT CORPORATION</td></tr>
<tr><td rowspan="2">单 据</td><td>汇 票</td><td>发 票</td><td>海运
提单</td><td>空运
提单</td><td>货物
收据</td><td>保险单</td><td>装箱单</td><td>重量单</td><td>装运
通知</td><td>非木质包
装证明</td><td></td></tr>
<tr><td>1</td><td>3</td><td colspan="2" align="center">2</td><td></td><td>3</td><td></td><td></td><td>1</td><td>1</td><td></td></tr>
<tr><td colspan="12">货物：COLOR INKJET PRINTER</td></tr>
<tr><td colspan="12">不符点：</td></tr>
<tr><td colspan="12">上述单据已到，现将影印单据提交贵公司：
    请审核并备妥票款于 2010 年 10 月 10 日前来我行，如不在上述期限来我行承兑，即作为你公司同意授权我行在公司存款账户内支出票款对寄单行承兑。
    对于上述不符点，你公司如不同意接受，请于 2010 年 10 月 10 日书面通知我行，如不在上述期限来我行办理拒付，又不将单据退回我行，即作为你公司接受不符点并授权我行在你公司存款账户内支出票款对寄单行承兑。

                                        中国银行
                                2010 年 10 月 4 日</td></tr>
</table>

No. TIEX 060930

For USD 470 000.00　　　　　　**BILL OF EXCHANGE**　　　　HAMBURG, SEP. 21,2010

　　　　　　　　　　　　　　　　　　　　　　　　　　　　　　　　　　Date

At 60 DAYS AFTER *sight of this SECOND BILL of EXCHANGE (first of the same tenor and date unpaid) pay to the order of* CITI BANK HAMBURG BRANCH *the sum of*

SAY U. S. DOLLARS FOUR HUNDRED AND SEVENTY THOUSAND ONLY.

Drawn under BANK OF CHINA SHANGHAI BRANCH

L/C No.　　　　　　XUT 17345　　　　　*Dated*　　　　AUG. 22,2010

To. BANK OF CHINA SHANGHAI BRANCH

　　100 ZHONGSHANG NO. 1 ROAD SHANGHAI, CHINA

　　　　　　　　　　　　　　　　　　PITERIMPORT&
　　　　　　　　　　　　　　　　　　EXPORTCORPORATION

　　　　　　　　　PITER IMPORT & EXPORT CORPORATION

　　　　　　　　　　　　　　　　　　PITER

工作任务二　办理入境货物报检

一、实训操作指南

1. 操作流程

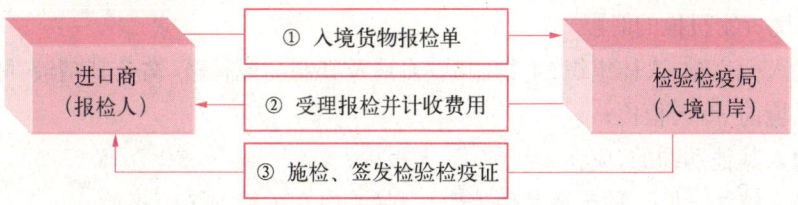

评析

- 检验检疫货物入境时,报检人应向到达站的检验检疫机构申请报检,并按检验检疫有关规定和要求提供有关单证资料。
- 检验检疫机构按有关规定审核报检资料,符合要求的,受理报检并计收费用。
- 报检人凭报关地检验检疫机构签发的入境货物通关单或检验检疫证办理通关手续。

2. 操作要点

(1) 入境货物报检单的缮制要点

① 报检单位及登记号

本栏填写报检单位的全称和在检验检疫机构注册登记代码,并加盖报检单位印章。

② 报检日期

本栏检验检疫机构实际受理报检的日期,由检验检疫机构受理报检人员填写。

③ 包装种类及数量

本栏填写本批货物实际运输包装的种类及数量,应注明包装的材质。

④ 贸易国别(地区)

本栏填写本批进口货物的贸易国或地区名称。

⑤ 提单/运单号

本栏填写本批进口货物的海运提单号或空运单号,有二程提单的应同时填写。

⑥ 许可证/审批号

本栏需办理进口许可证或审批的进口货物,应填写有关许可证号或审批号,不得留空。

⑦ 卸毕日期

本栏填写本批进口货物在口岸卸毕的实际日期。

⑧ 集装箱规格、数量及号码

进口货物若以集装箱运输,本栏应填写集装箱的规格、数量及号码。

⑨ 合同订立的特殊条款以及其他要求

本栏填写在进口贸易合同中订立的有关质量、卫生等特殊条款,或报检单位对本批货物检验检疫的特别要求。

⑩ 随附单据

本栏在向检验检疫机构提供的实际单据名称前的"□"内画"√",也可在"□"后补填其名称,并在"□"内画"√"。

(2) 入境货物报检的时限

一是输入微生物、人体组织、生物制品、血液及其制品或种畜、禽及其精液、胚胎、受精卵的应当在入境前 30 天报检;

二是输入其他动物的,应在入境前 15 天报检;

三是输入植物、种子、种苗及其他繁殖材料的,应在入境前 7 天报检;

四是入境货物需对外索赔出证的,应在索赔有效期前不少于 20 天内向到货口岸或货物到达地的检验检疫机构报检。

(3) 入境货物报检的地点

一是审批、许可证等有关政府批文中规定检验检疫地点的,在规定的地点报检;

二是大宗散装商品、易腐烂变质商品、废旧物品及在卸货时发现包装破损、数量短缺的商品,必须在卸货口岸检验检疫机构报检;

三是需结合安装调试进行检验的成套设备、机电仪器产品以及在口岸开件后难以恢复包装的商品,应在收货人所在地检验检疫机构报检并检验;

四是其他入境货物应在入境前或入境时向报关地检验检疫机构报检;

五是入境的运输工具及人员应在入境前或入境时向入境口岸检验检疫机构申报。

3. 操作实例

方正进出口公司向中国银行上海分行办理付款赎单,并根据我国《进出口商品检验法》及其实施条例等有关规定,填写入境货物报检单,随附有关单据及时办理报检手续。

（1）方正先生填写入境货物报检单

中华人民共和国出入境检验检疫
入境货物报检单

报检单位（加盖公章）：　　　　　　　　　　　　　　　　　* 编号：＿＿＿＿＿＿＿＿＿

报检单位登记号：3148　　联系人：方正　　电话：56082266　　报检日期：2009 年 11 月 15 日

发货人	（中文）　方正进出口公司	企业性质（画"√"）	□ 合资　□ 合作　□ 外资
	（外文）　FANGZHENG IMPORT & EXPORT CORPORATION		
收货人	（中文）		
	（外文）　TOKYO IMPORT & EXPORT CORPORATION		

货物名称（中文/外文）	H.S. 编码	原产国	数量/重量	货物总值	包装种类及数量
扳手 WRENCH	8204.1100	日　本	6 000 SETS	95 000.00 美元	120 纸箱

运输工具名称号码	FUN - 861	合　同　号	TX200523
贸易方式　一般贸易	贸易国别（地区）　日本	提单/运单号	CN - 05112
到岸日期　2009 年 11 月 14 日	启运国家（地区）　日本	许可证/审批号	09 - JZ5661168
卸毕日期　2009 年 11 月 14 日	启运口岸　东京	入境口岸	上海浦东机场
索赔有效期至　2010 年 11 月 14 日	经停口岸	目的地	上　海

集装箱规格、数量及号码	40 英尺集装箱 1 个　COSF 59607456

合同订立的特殊条款以及其他要求		货物存放地点	上海逸仙路 5 号
		用　途	自营内销

随附单据（画"√"或补填）		标记及号码	* 外商投资财产（画"√"）　□ 是　□ 否
☑ 合同　　☑ 到货通知		FANGZHENG SHANGHAI TX 200523 C/NO. 1 - 120	* 检验检疫费
☑ 发票　　☑ 装箱单			
☑ 提/运单　　□ 质保书			总金额 （人民币元）
□ 兽医卫生证书　　□ 理货清单			
□ 植物检疫证书　　□ 磅码单			
□ 动物检验证书　　□ 验收报告			计费人
□ 卫生证书　　□			
□ 原产地证			
☑ 许可/审批文件			收费人

报检人郑重声明： 1. 本人被授权报检。 2. 上列填写内容正确属实。 　　　　　　　　签名：　方正	领　取　证　单	
	日　期	
	签　名	

注：有"*"号栏由出入境检验检疫机关填写。　　　　　　　　◆ 国家出入境检验检疫局制

（2）出入境检验检疫局签发入境货物通关

中华人民共和国出入境检验检疫

入境货物通关单

编号：XT050811

1. 收货人 　方正进出口公司	5. 标记及唛码 　FANGZHENG 　SHANGHAI 　TX 200523 　C/NO. 1 - 120
2. 发货人 　TOKYO IMPORT & EXPORT CORPORATION	

3. 合同/提(运)单号 TX200523/CN－05112	4. 输出国家或地区 　　　日　本	
6. 运输工具名称及号码 FUN－861	7. 目的地 　　　上　海	8. 集装箱规格及数量 40 英尺×1

9. 货物名称及规格 　WRENCH ****************************	10. H.S. 编码 8204.1100	11. 申报总值 USD 95 000.00	12. 数/重量、包装数量及种类 6 000 SETS 3 000 KGS 120 CTNS

13. 证明

　　上述货物业已报验/申报，请海关予以放行。
　　本通关单有效期至 2009 年 12 月 31 日

签字：丁毅　　　　　　　　　　　　　　　日期：2009 年 11 月 17 日

14. 备注

二、实训操作

1. 业务操作背景

中国银行上海分行收到议付行 CITI BANK 该笔业务的全套议付单据后,交由上海进出口贸易公司审单。王敏小姐根据合同与信用证的内容进行审单,核准无误后进行承兑,承兑后将全套单据交还中国银行上海分行。

2. 业务操作资料

报检单位登记号:80296

报检日期:2010 年 9 月 13 日

货物名称:彩色喷墨打印机(COLOR INKJET PRINTER)

H. S. 编码:9503. 1000

原 产 国:德国

数/重量:4 000 台

货物总值:470 000 美元

包装种类及数量:400 纸箱

运输工具名称号码:CUN10 - 342

合 同 号:SH 100501

贸易方式:一般贸易

贸易国别:德国

提单/运单号:CN10961

到货日期:2010 年 9 月 20 日

许可证/审批号:JZ5661168

卸毕日期:2010 年 9 月 20 日

启运口岸:汉堡

入境口岸:苏州机场

索赔有效期至:2011 年 9 月 20 日

目 的 地:苏州

集装箱规格、数量及号码:1×40′ HQ TESC 09321456

货物存放地点:上海机场路 15 号

用 途:其他

随附单据:合同、发票、空运单、许可证、到货通知

3. 业务操作要求

请根据有关信息填写下列入境货物报检单。

中华人民共和国出入境检验检疫
入境货物报检单

报检单位（加盖公章）：　　　　　　　　　　　　　　　　* 编号：＿＿＿＿＿＿＿＿

报检单位登记号：　　　联系人：　　　电话：　　　　报检日期：年　　月　　日

收货人	（中文）		企业性质（画"√"）	□ 合资　□ 合作　□ 外资
	（外文）			
发货人	（中文）			
	（外文）			

货物名称（中文/外文）	H.S.编码	产地	数量/重量	货物总值	包装种类及数量

运输工具名称号码		合　同　号	
贸易方式		贸易国别（地区）	提单/运单号
到岸日期		启运国家（地区）	许可证/审批号
卸毕日期		启运口岸	入境口岸
索赔有效期至		经停口岸	目　的　地
集装箱规格、数量及号码			
合同订立的特殊条款以及其他要求		货物存放地点	
		用　　途	

随附单据（画"√"或补填）		标记及号码	* 外商投资财产（画"√"）	□ 是　□ 否
□ 合同	□ 到货通知			
□ 发票	□ 装箱单		* 检验检疫费	
□ 提/运单	□ 质保书		总金额（人民币元）	
□ 兽医卫生证书	□ 理货清单	N/M		
□ 植物检疫证书	□ 磅码单		计费人	
□ 动物检验证书	□ 验收报告			
□ 卫生证书	□			
□ 原产地证			收费人	
□ 许可/审批文件				

报检人郑重声明： 1.本人被授权报检。 2.上列填写内容正确属实。 签名：＿＿＿＿＿＿	领　取　证　单
	日　期
	签　名

注：有"＊"号栏由出入境检验检疫机关填写。　　　◆ 国家出入境检验检疫局制

出入境检验检疫局签发入境货物通关单。

中华人民共和国出入境检验检疫
入境货物通关单

编号：T0608114

1. 收货人 上海进出口公司		**5. 标记及唛码** SIEC SH 100501 SUZHOU C/NO. 1 - 400
2. 发货人 PITER IMPORT & EXPORT CORPORATION		
3. 合同/提(运)单号 CN10961	**4. 输出国家或地区** 德　国	
6. 运输工具名称及号码 CUN10 - 342	**7. 目的地** 苏　州	**8. 集装箱规格及数量** 1×40′ HQ
9. 货物名称及规格 彩色喷墨打印机 COLOR INKJET PRINTER ****************************	**10. H. S. 编码** 9503. 1000	**11. 申报总值** USD 470 000.00	**12. 数/重量、包装数量及种类** 4 000 SETS 400 CTNS

13. 证明

上述货物业已报验/申报，请海关予以放行。

签字：李丁

日期：2010 年 月 18 日

14. 备注

综合业务模拟操作

一、实训操作资料

上海玩具进出口公司收到中国银行上海分行来自出口商 YMDA IMPORT & EXPORT CORPORATION 的电子手掌玩具全套议付单据,经审单核准无误后付款赎单。根据我国检验检疫有关法律、法规的规定,需要办理入境货物报检手续。入境货物报检单缮制资料如下:

报检单位登记号:478Q

买　　方:上海玩具进出口公司(SHANGHAI TOY IMPORT & EXPORT CORPORATION)

　　　　　地址:13 FENXIANG ROAD SHANGHAI, CHINA

　　　　　TEL:021－56082212　FAX:021－56082211

卖　　方:YMDA IMPORT & EXPORT CORPORATION

　　　　　82 OTOLI MACHI OSKA, JAPAN

　　　　　TEL 028－548742　FAX 028－548743

商品名称:电子手掌玩具(ELECTRON PALM BAUBLE)

单　　价:CIP SHANGHAI R222S USD 50.00/PC、R333H USD 45.00/PC、R666W USD 35.00/PC、R888A USD 20.00/PC

数　　量:4 000 PCS

合 同 号:TX 06238

H.S. 编码:9503.9000

包　　装:每 20 台装一个出口纸箱

运输工具名称:CUN 134

运 单 号:CN 3466

许可证号:ZD－17668

到岸日期:不迟于 2010 年 10 月 30 日

装 运 港:大阪

目的地港:上海

入境口岸:上海浦东机场

货物存放地点:上海机场路 15 号

随附单据:合同、发票、运单、许可证、装箱单、到货通知

二、实训操作要求

请你以上海玩具进出口公司业务员张成的身份,根据上述资料填写入境货物报检单。

中华人民共和国出入境检验检疫
入境货物报检单

报检单位(加盖公章)：　　　　　　　　　　　　　　　　　　　* 编号：＿＿＿＿＿＿

报检单位登记号：　　　　　联系人：　　　　电话：　　　　报检日期：年　　月　　日

收货人	（中文）		企业性质(画"√")	□合资　□合作　□外资
	（外文）			
发货人	（中文）			
	（外文）			

货物名称(中文/外文)	H.S.编码	产地	数量/重量	货物总值	包装种类及数量

运输工具名称号码		合　同　号	
贸易方式	贸易国别(地区)	提单/运单号	
到岸日期	启运国家(地区)	许可证/审批号	
卸毕日期	启运口岸	入境口岸	
索赔有效期至	经停口岸	目　的　地	
集装箱规格、数量及号码			
合同订立的特殊条款以及其他要求		货物存放地点	
		用　　途	

| 随附单据(画"√"或补填) | | 标记及号码 | * 外商投资财产(画"√") | □是　□否 |

| □合同　□发票　□提/运单　□兽医卫生证书　□植物检疫证书　□动物检验证书　□卫生证书　□原产地证　□许可/审批文件 | □到货通知　□装箱单　□质保书　□理货清单　□磅码单　□验收报告　□ | N/M | * 检验检疫费 总金额(人民币元) 计费人 收费人 |

报检人郑重声明：
1. 本人被授权报检。
2. 上列填写内容正确属实。
　　　　　　　　　　签名：＿＿＿＿＿

领　取　证　单
日　期
签　名

注：有"*"号栏由出入境检验检疫机关填写。　　　　◆国家出入境检验检疫局制

221

项目六

进口合同履行
——进口货物报关与付汇核销

实训要求

- 了解进口货物报关的程序。
- 熟悉付汇核销的程序及要求。
- 掌握进口货物报关单的缮制方法。
- 掌握贸易进口付汇核销单的缮制方法。

业务操作背景

方正进出口公司获得入境货物通关单后,根据海空运单、国外发票、装箱单等有关内容填写进口货物报关单,在海关规定的时间内及时办理进口货物报关。货物经查验放行后,委托运输公司将货物运至方正进出口公司仓库。然后,方正进出口公司向国家外汇管理局办理进口付汇核销手续。

工作任务一 办理进口货物报关

一、实训操作指南

1. 操作流程

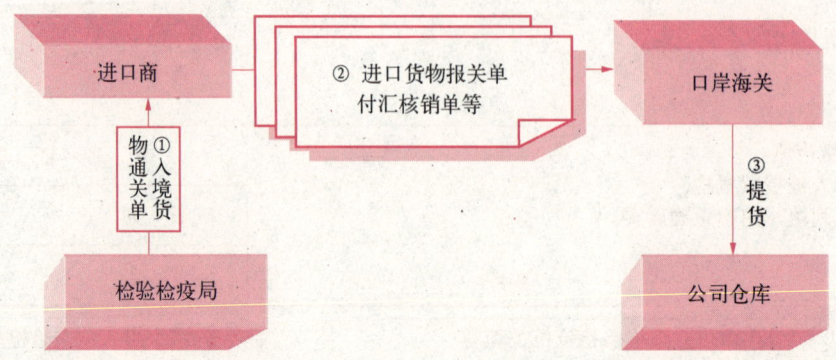

评析

- 进口货物到达目的地后 13 日内必须办理报关手续，否则海关视情节征收滞纳金或罚款。
- 法定检验检疫的进口货物必须取得入境货物通关单后，才能办理报关手续。
- 报关时要提供进口货物报关单、进口付汇核销单、发票和装箱单等。

2. 操作要点

(1) 进口货物报关单的缮制要点

① 进口口岸

本栏填写货物进口口岸海关的名称及其海关"关区代码表"代码。

② 进口日期

本栏填写进口货物所载运输工具的进境日期，未实际进境的，则为申请办理货物进口手续的日期。

③ 申报日期

本栏填写进口商或其代理人申请办理货物进口手续的日期，不能早于进口日期。

④ 经营单位

本栏填写对外签订并执行进口货物贸易合同的中国境内企业的全称及其代码。

⑤ 征免性质

本栏按海关对进口货物实施征、减、免税管理的性质类别和代码填写，一份报关单只允许填一种征免性质。

⑥ 征税比例

本栏填写海关规定的实际应征税比率，比如，5％填报 5。

⑦ 许可证号

本栏填写进口货物许可证的编号，一份报关单只允许填一个许可证号，多个许可证号须分单申报。

⑧ 境内目的地

本栏填写进口货物在国内的消费地或最终运抵地的名称及代码。

⑨ 运费

本栏填写该批货物的运费并注明币制代码，如以 CIF 或 CFR 成交，则可不填。

⑩ 保费

本栏填写该批货物的全部保险费和币制代码，如以 CIF 成交，则可不填。

3. 操作实例

方正进出口公司向中国银行上海分行办理付款赎单，并根据我国海关法等有关规定，填写进口货物报检单，随附有关单据及时办理报关手续。

中华人民共和国海关进口货物报关单

预录入编号：   海关编号：

进口口岸 上海浦东机场海关 2233	备案号	进口日期 2009 年 11 月 14 日	申报日期 2009 年 11 月 17 日
经营单位（3108712466） 方正进出口公司	运输方式 航空运输	运输工具名称 FUN - 861	提运单号 CN - 05112

收货单位 方正进出口公司	贸易方式 一般贸易	征免性质 一般征税	征税比例

许可证号 09 - JZ5661168	启运国（地区） 日本	装货港 东京	境内目的地 上海

批准文号	成交方式 CIP	运费 520/600/3	保费 520/450/3	杂费

合同协议号 TX 200523	件数 120	包装种类 纸箱	毛重（千克） 3 000/25	净重（千克） 2 760/23

集装箱号	随附单据 B：XT 050811		用途 其他

标记唛码及备注　FANGZHENG
SHANGHAI
TX 200523
C/NO. 1 - 120

项号	商品编号	商品名称、规格型号	数量及单位	原产国（地区）	单价	总价	币制	征免
	8204.1100	WRENCH		日 本			502	照章
01		HEX DEYS WRENCH	460 千克 1 000 套		10.00	10 000.00		
02		DOUBLE RING OFFSET WRENCH	690 千克 1 500 套		10.00	15 000.00		
03		CONBINATION WRENCH	920 千克 2 000 套		20.00	40 000.00		
04		ADJUSTABLE WRENCH	690 千克 1 500 套		20.00	30 000.00		

税费征收情况

录入员　　录入单位	兹声明以上申报无讹并承担法律责任。	海关审单批注及放行日期（签章）	
		审单	审价
报关员　3101045588 方正	申报单位（签章）	征税	统计
单位地址　上海中山路 1321 号 邮编　　电话 56082266	填制日期 2009 年 11 月 17 日	查验	放行

（印章：方正进出口公司 报关专用）

通关后提货拨交空运进口提货单。

中外运空运发展股份有限公司上海分公司
空运进口提货单

进口部地址：上海市东方路 989 号 8 楼 808 室　　　　　电话：62487965　传真：62487966

进口监管仓库地址：上海浦东机场航空货运站提货处　　　电话：62487988　传真：62487988

收货人单位名称：　方正进出口公司　　　　　　　　　　仓库区号：　TSC 2014

主运单号：　CN‑0511　　　　分运单号：　CN‑05112　　　海关编号：　444117252

件数：　120 箱　　　　　　实际重量：　3 000 KG　　　　计费重量：　3 000 KG

该货于：　2009　年　11　月　14　日运抵我司监管仓库。

　　1. 请凭**此盖上贵司**公章的提货单和全套单据办理报关手续。2. 已办妥清关手续，本提货单盖有机场海关放行章和检验检疫章后，可直接到仓库提货。3. 有关业务咨询，或委托我司代理报关，国内中转，监管运输及送货上门业务。

　　查询　请和我部　王名　**联系**　　电话：62487964

　　报关　请和我部　张立　**联系**　　电话：62487963

　　提货时间：8:30～18:00

注意事项：

　　一、进口货物的收货人应自货物进境之日起 14 天内向海关申报，逾期海关将按 CIF 价格的万分之五每天征收滞报金，逾期 3 个月未报关的货物，上缴海关处理。

　　二、国际货物航空到付运费＿＿＿＿＿＿＿＿请付讫后提货。

　　三、自货物进入我司仓库免费保管 3 天。

　　——————— 以下为收货单位填写 ———————

兹派　方正　前来你处提货、请予交付。

　　　　　　　　　　　　　　　　　收货单位（公章）　　　　2009 年 11 月 20 日

上述货物完好无损，已提取，此据。

　　　　　　　　　　　　　　　收货人签字 方正　联系电话　56082266

二、实训操作

1. 业务操作背景

上海进出口公司的进口货物经检验检疫机构核准并获得入境货物通关单后,王敏小姐根据外国发票、提单等有关内容填写进口货物报关单,在海关规定的时间内及时办理进口货物的报关。海关查验合格并征收进口关税后,予以放行。上海进出口公司提货后,向用户拨交。

2. 业务操作资料

进口口岸:苏州工业园区海关 2347

进口日期:2010 年 9 月 20 日

经营单位:上海进出口公司(海关注册号 3101243621)

征免性质:一般征税

许可证号:JZ 5661168

运　　费:650 美元(美元代码 502)

合　同　号:SH 100501

净　　重:720 千克

集装箱号:COSF 59607456

通关单号:T 0608114(代码:B)

境内目的地:苏州

3. 业务操作要求

请根据有关信息填写下列进口货物报关单。

中华人民共和国海关进口货物报关单

预录入编号:　　　　　　　　　　　　　　　　　　　　海关编号:

进口口岸	备案号		进口日期		申报日期
经营单位	运输方式		运输工具名称		提运单号
收货单位	贸易方式		征免性质		征税比例
许可证号	启运国(地区)		装货港		境内目的地
批准文号	成交方式	运费		保费	杂费

（续上）

合同协议号	件数		包装种类	毛重(千克)	净重(千克)
集装箱号	随附单据			用途	
标记唛码及备注					

项　号	商品编号	商品名称、规格型号	数量及单位	原产国(地区)	单　价	总　价	币　制	征　免

税费征收情况

录入员　录入单位	兹声明以上申报无讹并承担法律责任。	海关审单批注及放行日期(签章)	
		审单	审价
报关员	申报单位(签章)		
单位地址		征税	统计
邮编　　电话　　填制日期		查验	放行

通关后提货拨交空运进口提货单。

中外运空运发展股份有限公司苏州分公司
空运进口提货单

进口部地址：苏州市人民路 9 号 8 楼 108 室　　　　　电话：487965　传真：487966
进口监管仓库地址：苏州机场航空货运站提货处　　　　电话：487988　传真：487988

收货人单位名称：__上海进出口公司__　　　　　　　仓库区号：__SC 87201__
主运单号：__CN 1096__　　　分运单号：__CN 10961__　　海关编号：__32444117252__
件数：__400 箱__　　　　实际重量：__800 KG__　　　计费重量：__800 KG__
该货于：__2010__ 年 __9__ 月 __20__ 日运抵我司监管仓库。

　1. 请凭**此盖上贵司**公章的提货单和全套单据办理报关手续。2. 已办妥清关手续的，本提货单盖有机场海关放行章和检验检疫章后，可直接到仓库提货。3. 有关业务咨询，或委托我司代理报关，国内中转，监管运输及送货上门业务。

　　查询　请和我部__桑敏__**联系**　电话：487964
　　报关　请和我部__泰进__**联系**　电话：487963
　　提货时间：8:30～18:00

注意事项：
　一、进口货物的收货人应自货物进境之日起 14 天内向海关申报，逾期海关将按 CIF 价格的万分之五每天征收滞报金，逾期 3 个月未报关的货物，上缴海关处理。
　二、国际货物航空到付运费_____请付讫后提货。
　三、自货物进入我司仓库免费保管 3 天。

————————————以下为收货单位填写————————————

兹派__王敏__前来你处提货、请予交付。

　　　　　　　　　　　　　　收货单位(公章)　　　　2010 年 9 月 24 日
上述货物完好无损，已提取，此据。

　　　　　　　收货人签字__王敏__　联系电话__65788877__

工作任务二 办理进口付汇核销

一、实训操作指南

1. 操作流程

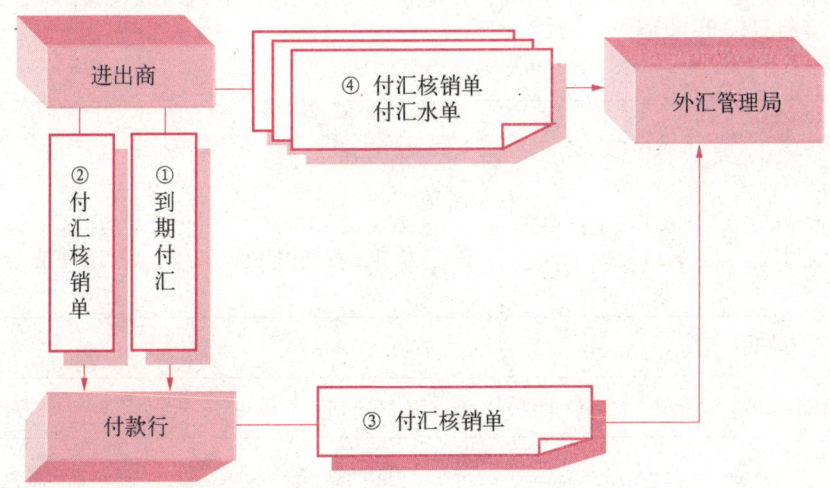

评析

- 付汇核销单通常由公司核销员办理。
- 银行审核无误后,将第一联交外汇管理局,第二联退还给进口商。
- 进口商向外汇管理局提供贸易进口付汇核销单、进口货物报关单和付汇水单,并填写贸易进口付汇到货核销表办理核销报审手续。

2. 操作要点

进口商在办理好付汇手续后,填写贸易进口付汇核销单交银行;银行审核无误后,将第一联交外汇管理局,第二联退还给进口商;进口商核销员向外汇管理局提供贸易进口付汇核销单、进口货物报关单和付汇水单,并填写贸易进口付汇到货核销表办理核销报审手续。

3. 操作实例

方正进出口公司在汇票到期日办理好付汇手续后,填写贸易进口付汇核销单。银行审核无误后,将第一联交外汇管理局,第二联退还给方正进出口公司。公司核销员向外汇管理局提供贸易进口付汇核销单、进口货物报关单付汇水单,并填写贸易进口付汇到货核销表,办理核销报审手续。

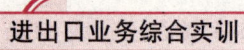

贸易进口付汇核销单(代申报单)

印单局代码：092371   核销单编号：315487418

单位代码：3108712466	单位名称：扳手	所在地外汇局名称：上海
付汇银行名称：中国银行上海分行	收款人国别：日本	交易编码：095665
收款人是否保税区：是□ 否☑	进口商品名称：扳手	

对外付汇币种：美元　　　对外付汇总额：USD 95 000.00　　折美元总额：USD 95 000.00
其中：购汇金额 USD 95 000.00　现汇金额：
人民币账号：R 4357686　　外汇账号：67548211

付 汇 性 质

□.正常付汇
□ 不在名录　　　　□ 90 天以上信用证　　□ 90 天以上托收　　□ 异地付汇
□ 90 天以上到货　□ 转口贸易　　　　　　□ 境外工程使用物资　□ 真实性审查

备案表编号：105467

预计到货日期：2009 - 11 - 14　　进口批件号：09 - JZ 5661168　　合同/发票号：TX 200523/IN 057911

结 算 方 式

信用证　90 天以内☑　90 天以上□　承兑日期 2009 年 11 月 2 日　付汇日期 2009 年 12 月 2 日　期限 30 天

托　收　　　90 天以内□　　90 天以上□　承兑日期　　付汇日期　　　　　期限　天

汇款	预付货款□　　　货到付款(凭报关单付款)□　付汇日期		
	报关单号	报关日期	报关单币种　　金额
	报关单号	报关日期	报关单币种　　金额
	报关单号	报关日期	报关单币种　　金额
	报关单号	报关日期	报关单币种　　金额
	报关单号	报关日期	报关单币种　　金额
	(若报关单填写不完,可另附纸。)		

其他□　　　　　　　　　　　　　　　　　付汇日期

以下由付汇银行填写
申报号码：1098765
业务编号：3219821546

中国银行上海分行
(付款银行签章)
审核日期：2009.10.6

进口单位(签章)：方正进出口公司　　　　　　　　　　　　　2009 年 11 月 21 日

贸易进口付汇到货核销表

进口单位名称：方正进出口公司　　　进口单位编号：3108712466　　　核销单编号：315487418

序号	付 汇 情 况							报 关 到 货 情 况							备注
	核销单号	备案表号	付汇币种金额	付汇日期	结算方式	付汇银行名称	应到货日期	报关单号	到货企业名称	报关币种金额	报关日期	与付汇差额		凭报关单付汇	
												退汇	其他		
1	31 548 7 418	105 467	USD 95 000	2009年12月2日	信用证	中行	2009年11月14日	10172 52543	上海进出口公司	USD 470 000	2009年11月17日				

付汇合计笔数：1	付汇合计金额：USD 95 000.00	到货报关合计笔数：1	到货报关合计金额：USD 95 000.00	退汇合计金额：	凭报关单合计金额：
至本月累计笔数：	至本月累计笔数：	至本月累计笔数：	至本月累计金额：	至本月累计金额：	至本月累积金额：

填表人：方正　　　负责人：泰力　　　　　　　　填表日期：2009年11月22日

本核销表内容无误

（上海进出口公司 印章）

注：

1. 本表一式二联，第一联送外汇局，第二联进口单位留存；

2. 本表合计和累计栏金额为折美元金额；

3. 本表由各外汇局印制，供进口单位使用；

4. 货款汇款项下的付汇在"凭报关单付汇"栏画"√"；

5. 累计栏为本年年初至本月的累计数；

6. 一次到货多次付汇的，在"付汇情况"栏填写实际付汇情况，在"报关到货情况"栏只填写一次；

7. 一次付汇多次到货的，参照第6点处理。

二、实训操作

1. 业务操作背景

上海进出口公司在汇票到期日办理好付汇手续后,填写贸易进口付汇核销单。银行审核无误后,将第一联交外汇管理局,第二联退还给上海进出口公司。公司核销员向外汇管理局提供贸易进口付汇核销单、进口货物报关单付汇水单,并填写贸易进口付汇到货核销表,办理核销报审手续。

2. 业务操作资料

单位代码:3101243621

所在地外汇局名称:上海

收款人是否保税区:否

对外付汇总额:USD 470 000.00

备案表编号:6666

人民币账号:SZR 80066686

外汇账号:1067548211

合　同　号:SH 100501

发　票　号:TIEX 060930

预计到货日期:2010 年 9 月 20 日

进口许可证号:SH 1034567

核销单号:3002698741

3. 业务操作要求

请根据有关信息填写下列贸易进口付汇到货核销表。

贸易进口付汇核销单(代申报单)

印单局代码:099210　　　　　　　　　　　　　　　　　　　　核销单编号:

单位代码:	单位名称:	所在地外汇局名称:
付汇银行名称:	收款人国别:	交易编码:
收款人是否保税区:是□ 否☑	进口商品名称:彩色喷墨打印机	
对外付汇币种: 其中:购汇金额 人民币账号:	对外付汇总额: 现汇金额 外汇账号:	折美元总额:

（续上）

付　汇　性　质

☐ 正常付汇
☐ 不在名录　　　　☐ 90 天以上信用证　　　☐ 90 天以上托收　　　☐ 异地付汇
☐ 90 天以上到货　☐ 转口贸易　　　　　　☐ 境外工程使用物资　　☐ 真实性审查
备案表编号：

预计到货日期：	进口批件号：	合同/发票号：

结　算　方　式

信用证　90 天以内☐　90 天以上☐　承兑日期 2010 年 10 月 10 日　付汇日期 2010 年 11 月 20 日
期限90天

托　收　　　　90 天以内☐　　　90 天以上☐　　　承兑日期　　　付汇日期　　　　　期限　天

	预付货款☐　　　　货到付款（凭报关单付款）　　☐　付汇日期
汇　款	报关单号　　　　　　报关日期　　　　　　报关单币种　　　金额 报关单号　　　　　　报关日期　　　　　　报关单币种　　　金额 报关单号　　　　　　报关日期　　　　　　报关单币种　　　金额 报关单号　　　　　　报关日期　　　　　　报关单币种　　　金额 报关单号　　　　　　报关日期　　　　　　报关单币种　　　金额 （若报关单填写不完，可另附纸。）

其他☐　　　　　　　　　　　　　　　　　　付汇日期

以下由付汇银行填写
申报号码：
业务编号：

（付款银行签章）
审核日期：

进口单位（签章）：　　　　　　　　　　　　　　年　　月　　日

贸易进口付汇到货核销表

进口单位名称：　　　　　　　进口单位编号：　　　　　　　核销单编号：

付　汇　情　况								报　关　到　货　情　况							
序号	核销单号	备案表号	付汇币种金额	付汇日期	结算方式	付汇银行名称	应到货日期	报关单号	到货企业名称	报关币种金额	报关日期	与付汇差额		凭报关单付汇	备注
												退汇	其他		
付汇合计笔数： 至本月累计笔数：	付汇合计金额： 至本月累计笔数：	到货报关合计笔数： 至本月累计笔数：	到货报关合计金额： 至本月累计金额：					退汇合计金额： 至本月累计金额：				凭报关单合计金额： 至本月累积金额：			

填表人：　　　　　负责人：　　　　　　　　　　　　　　　　填表日期：　　年　月　日

本核销表内容无讹。（盖章）

注：
1. 本表一式二联，第一联送外汇局，第二联进口单位留存；
2. 本表合计和累计栏金额为折美元金额；
3. 本表由各外汇局印制，供进口单位使用；
4. 货款汇款项下的付汇在"凭报关单付汇"栏画"√"；
5. 累计栏为本年年初至本月的累计数；
6. 一次到货多次付汇的，在"付汇情况"栏填写实际付汇情况，在"报关到货情况"栏只填写一次；
7. 一次付汇多次到货的，参照第6点处理。

综合业务模拟操作

一、实训操作资料

上海玩具进出口公司根据我国检验检疫有关法律、法规的规定,办理入境货物报检手续并获取入境货物通关单后,上海玩具进出口公司还要办理进口货物报关手续,经查验放行后,才能提货拨交。报关单的缮制资料如下:

买　　方:上海玩具进出口公司(海关注册号:3108719876)

　　　　　地址:13 FENXIANG ROAD SHANGHAI, CHINA

　　　　　TEL:021 - 56082212　FAX:021 - 56082211

卖　　方:YMDA IMPORT & EXPORT CORPORATION

　　　　　82 OTOLI MACHI OSKA, JAPAN

　　　　　TEL 028 - 548742　FAX 028 - 548743

商品名称:电子手掌玩具(ELECTRON PALM BAUBLE)

单　　价:CIP SHANGHAI R222S USD 50. 00/PC、R333H USD 45. 00/PC、R666W
　　　　　USD 35. 00/PC、R888A USD 20. 00/PC

数　　量:4 000 PCS

合 同 号:TX 06238

H. S. 编码:9503. 9000

包　　装:每 20 台装一个出口纸箱

运输工具名称:CUN 134

运 单 号:CN 3466

许可证号:ZD - 17668

到岸日期:2010 年 10 月 30 日

装 运 港:大阪

目的地港:上海

入境口岸:上海浦东机场(代码 2233)

保 险 费:390 美元

用　　途:其他

数　　量:R222S 1 000 台、R333H 1 000 台、R666W 1 000 台、R888A 1 000 台

包装数量:200 台

运　　费:USD 600

二、实训操作要求

请你以上海玩具进出口公司业务员张成的身份,根据上述资料、合同、信用证的有关内容填写进口货物报关单。

中华人民共和国海关进口货物报关单

预录入编号:　　　　　　　　　　　　　　　　　　　海关编号:

进口口岸	备案号	进口日期	申报日期
经营单位	运输方式	运输工具名称	提运单号
收货单位	贸易方式	征免性质	征税比例
许可证号	启运国(地区)	装货港	境内目的地

批准文号	成交方式	运费	保费	杂费
合同协议号	件数	包装种类	毛重(千克)	净重(千克)
集装箱号	随附单据		用途	

标记唛码及备注

项　号	商品编号	商品名称、规格型号	数量及单位	原产国(地区)	单　价	总　价	币　制	征　免

税费征收情况

录入员　录入单位	兹声明以上申报无讹并承担法律责任。	海关审单批注及放行日期(签章)	
		审单	审价
报关员	申报单位(签章)		
单位地址		征税	统计
邮编　　　电话　　　填制日期		查验	放行